城乡和谐之梦
CHENGXIANG HEXIE ZHI MENG

刘　勇
李春雨
主　编

侯　敏
姚舒扬
副主编

戴俊骋
编　著

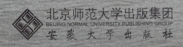

北京师范大学出版集团
BEIJING NORMAL UNIVERSITY PUBLISHING GROUP
安徽大学出版社

图书在版编目(CIP)数据

城乡和谐之梦/戴俊骋编著. —2版. —合肥:安徽大学出版社,2014.9
(梦想的力量:中国梦青少年读本/刘勇,李春雨主编)
ISBN 978-7-5664-0844-0

Ⅰ. ①城… Ⅱ. ①戴… Ⅲ. ①爱国主义教育－中国－青少年读物 Ⅳ. ①D647-49

中国版本图书馆 CIP 数据核字(2014)第 219740 号

出版发行:	北京师范大学出版集团
	安徽大学出版社
	(安徽省合肥市肥西路 3 号 邮编 230039)
	www.bnupg.com.cn
	www.ahupress.com.cn
印　刷:	合肥市裕同印刷包装有限公司
经　销:	全国新华书店
开　本:	170mm×230mm
印　张:	10.25
字　数:	98 千字
版　次:	2014 年 9 月第 2 版
印　次:	2014 年 9 月第 1 次印刷
定　价:	24.80 元

ISBN 978-7-5664-0844-0

策划编辑:赵月华　钟　蕾		装帧设计:李　军
责任编辑:李海妹		美术编辑:李　军
责任校对:程中业		责任印制:赵明炎

版权所有　侵权必究

反盗版、侵权举报电话:0551-65106311
外埠邮购电话:0551-65107716
本书如有印装质量问题,请与印制管理部联系调换。
印制管理部电话:0551-65106311

总序

中国是有着五千多年灿烂历史文明的泱泱古国。周秦伟业、两汉文明、大唐盛世、宋季富士、元朝拓疆、明代兴旺、康乾胜景,历史上伟大的时代与悠久的历史文明,不仅让我们每个炎黄子孙倍感骄傲,而且令世界人民叹为观止。而时至清朝,当欧洲已经走出长达八百多年中世纪的黑暗,在文艺复兴运动,接受一系列新知识、新技术的时候;当18世纪初牛顿发现了万有引力定律、莱布尼茨建立了微积分体系、培根喊出了"知识就是力量"的时候;当英国正在大张旗鼓地进行工业革命的时候,中国却仍然沉浸在"天朝上国"的迷梦和农业经济繁荣的落日余晖之中,根本不知道世界正在发生翻天覆地的巨变。结果是中国为此付出了沉重而惨痛的代价,鸦片战争失败后所签订的丧权辱国的中英《南京条约》,使中华民族承受了巨大而空前的屈辱,于是无数的仁人志士开始为振兴中华而奔走呼号,甚至抛头颅、洒热血。从洋务运动、戊戌变法、辛亥革命,直到中华人民共和国成立,中国人民为了寻求挽救国家于倾颓的伟大梦想,走过了一段艰难曲折的历程。

五四运动是这一历程中重要的一步,成为近现代国人真正觉醒的辉煌的起点。五四运动的先驱在高扬"民主""科学"伟大旗帜的同时,将目光聚焦于文学。我们还清楚地记得,无数有识之士都不约而同地将目光集中投向了青年!五四新文学与新文化运动中最重要、最让人瞩目的刊物就叫《新青年》,陈独秀所写的《敬告青年》满含殷殷之情、拳拳之心,至今令人难忘。回想当年,陈独秀为什么要创办《新青年》?为什么要写《敬告青年》?以陈独秀为代表的那代人为什么那样关注青年?难道是因为他们心血来潮吗?难道是因为他们认为青年必然胜过老年吗?不是的!他们清醒地意识到,民族伟大复兴的梦想不是一代人所能完成的,甚至也不是两三代人就能实现的。这个伟大的使命势必要由数代青年前赴后继,不断努力地去承担、去完成、去实现!

陈独秀在《敬告青年》一文中的慷慨陈词:"青年如初春,如朝日,如百卉之萌动,如利刃之新发于硎,人生最可宝贵之时期也。青年之于社会,犹新鲜活泼细胞之在人身。"亦如梁启超在《少年中国说》中所言:"老年人常思既往,少年人常思将来。惟思既往也,故生留恋心;惟思将来也,故生希望心。惟留恋也,故保守;惟希望也,故进取。

惟保守也,故永旧;惟进取也,故日新。"这样的言辞虽然有些绝对,但却道出了青少年乃国家与民族未来希望之实质。

从晚清起到今天,心怀强国梦想的中国人奋斗了一百多年。虽然在这一百多年中,几代人前赴后继,为中华民族开辟了一条通往伟大复兴之路,但在这条复兴的道路上,还需要我们继续努力。实际上,以"中华民族伟大复兴"为旨归的"中国梦"正像五四新文学先驱者们所预测的那样:还需要几代人去实现。也就是说,还需要几代青少年去不断地努力与拼搏。所以,让青少年了解什么是"中国梦",让青少年了解"中国梦"的实现对于我们国家与民族的根本意义,是多么急切,多么重要!这就是我们出版这套"梦想的力量:中国梦青少年读本"丛书的初衷。

这套丛书,紧紧围绕着"理想信念""少年成长""教育强国""科技腾飞""文学艺术""悠悠历史""求真探奇""城乡和谐""平凡人生""走向世界"等十个与"中国梦"密切相关的主题,用许许多多生动有趣的故事,向怀揣梦想的青少年说明:"中国梦"这三个字绝对不是口号、不是空想。相反,它有着丰富的文化内涵和底蕴,它涵盖了我们生活的方方面面,彰显在历史、科技、文学艺术等各个领域。它既可以体现为伟人在其人生历程中所追求的理想信念,也可以体现为普通人在平凡的人生中所坚守的一个个小小梦想；它既可以体现为老一辈对于自己梦想的执着守望，也可以体现为年轻一代对于未来的无限憧憬。

我们之所以把这些故事讲给青少年听，是想让青少年了解那些曾经发生和正在发生的感人故事，让他们真正体悟梦想的实现都不是一蹴而就的，而是要付出辛劳和汗水；让青少年在这些生动感人的故事的熏陶下培养自身坚强、勇敢、勤劳的优秀品质；让青少年通过这些故事反观自身，从而激发他们面对挫折时的斗志和勇气；让青少年了解什么是"中国梦"，为什么要实现"中国梦"；让青少年明白自己在实现民族伟大复兴的"中国梦"的历史进程中肩负着什么样的责任。

"梦想的力量"在根本上来自青少年！

"中国梦"的实现归根到底在于青少年！

刘 勇 李春雨

2014 年 1 月

目录

淹而复现的开县 // 1
曹家巷的自治改造 // 6
小商品实现世界梦 // 13
爨底下奏出和谐乐章 // 19
全国最强县的惊叹 // 26
西递的账本故事 // 32
中国最有名的农民 // 41
高碑店变身"宜家"村 // 49
负债村变身亿元村 // 56
农村改革先锋 // 64
学习大寨好榜样 // 75

环保卫士护青山 // 80

红旗渠精神在延续 // 85

一样的水乡，不一样的故事 // 93

中国油画第一村 // 101

"美的"之城的转型路 // 106

两岸同胞情铸平潭 // 113

丽江古城的申遗路 // 119

美丽村官的畲乡梦 // 127

"天骄圣地"的协奏曲 // 131

跨越达沃斯巅峰 // 136

土楼守住客家魂 // 142

朱子故里的文化传承 // 150

后记 // 155

淹而复现的开县

在重庆市东北部,三峡库区小江支流回水末端有个叫"开县"的地方。清清的南河水从东向西流经开县平坝后,与东河和小江河相汇,流入长江。

开县历史悠久,东汉建安二十一年(216年)以"汉丰"为名建县。汉丰,意即"汉土丰盛也"。开县有着丰富的矿产和生物资源,祖祖辈辈的开县百姓在这块风水宝地上安居乐业,生生不息。

然而,开县人民平静的生活被打破了。1992年,三峡工程"175米方案"被正式确定下来。可当三峡库区要求蓄水到175米水位的时候,长江水经小江河倒灌,开县会成为三峡库区最大的淹没县,昔日的风水宝地也将被淹。开县的居民心如刀割。一方面,建设三峡水库是国家的百

年大计,必须全力支持;另一方面,自古以来自给自足、年年丰裕的开县要为长江做出牺牲,而这种牺牲几乎要陪上全部家当。开县领导算过一笔账:县城和10个镇全部迁移,按开县自己的建筑施工能力,需要35年才能完成。如果引进一支3000人的建筑施工队伍,在资金保证的前提下也得19年才能完成全部迁移。

每年三峡电站的蓄水和防水所形成的涨落有30多米的落差,这导致开县时而裸露时而被淹,造成了严重的水土流失。

开县人在坚决支持三峡建设的同时,看着家乡环境的恶化,也十分痛心。在很长一段时间里,这个淹没大县和移民大县,因为远离长江而没有被领导重视。

开县人默默地承受着,终于等到了机会。

他们盼来了中央领导,盼来了能够表达心里想法的机会。

"真是不到开县看一看,就不知道三峡移民有多难啊!"全国政协副主席、"老水利"钱正英面对开县的青山绿水,感慨不已。

时任国务院三峡工程建设委员会副主任的郭树言看了开县的坝子,听了县领导的汇报,又深入被淹的农民家里,然后站在大片大片瓜果飘香的坝子面前,深情地

说:"来开县两个没想到:一是没想到开县为三峡工程牺牲那么大;二是没想到开县这么繁荣。"

郭树言指令随同人员马上着手对开县的移民情况重新做调查研究,以供国家最高层领导决策。

在轰轰烈烈的三工程建设过程中,开县人在尽全力保护自己的家园。

当郭树言再次来开县视察时,随行的长江水利委员会的同志带来了《小江大防护工程规划设计报告》。这个报告建议在长江支流的小江下游云阳县的高阳镇修建"小江水利枢纽",实现将三峡库水拒在开县门外、用电排抽小江水于三峡库内的保开县的目标,这个方案被称为"大防护"方案。

1995年10月底到11月初,国务院三峡建设委员会移民局和四川省人民政府在北京联合召开了"小江防护工程规划"专家级评审会。在历时4天的会议上,专家组组长、中国工程院副院长潘家铮代表专家评审组表示:报告仍需要继续研究。

1996年12月17日至21日,关系开县三峡移民问题和未来建设命运的讨论会议召开。我国水电界泰斗、两院院士张光斗教授出席并任专家组顾问,专家组组长仍由潘家铮院士担任。28名国内外著名专家和71个相关单位的代表参加了会议。

参加会议的开县代表是县长刘本荣,这位肩负140万人民重托的县长说话时声情并茂、慷慨激昂,他的倾向性意见得到了专家们的赞同。

最后专家组认定:从开县实际出发,从科学的、长远的角度考虑,"大防护"方案不宜采用,建议仍采用以移民为主、"小防护"并举的方案来处理开县的问题,以达到尽量保护当地生态环境和减少被淹耕地面积的目的。

从1998年开始,开县开始了紧张的城镇搬迁和大规模的移民工作。在党和国家的关怀下,开县领导班子在依靠政策及时、合理和科学地安排好移民与搬迁的同时,积极建设未来开县140多万人口生存与发展的新天地。

古老的开县在"淹后重现"。涅槃重生的开县被国家住房和城乡建设部命名为"国家园林县城"。在开县主城区,城市绿地系统以及环城的凤凰山、迎仙山、南山、大慈山四山绿化工程形成的上万亩绿色屏障,使开县成为空气清新、绿树环抱、鸟语花香的现代生态城市。开县人民正在用他们的勤劳智慧谱写开县的新篇章。

知识链接

长江三峡 长江三峡位于中国腹地,是瞿塘峡、巫峡和西陵峡的合称。长江三峡是世界最大的峡谷之一。沿途的名胜古迹有白帝城、巫山十二峰、三游洞等,为全国重点风景名胜区。峡谷东口建有葛洲坝水利枢纽工程,三斗坪建有长江三峡水利枢纽工程。

❋ ❋ ❋

水利改革与发展,思想与科学先行。

——刘春辉

曹家巷的自治改造

曹家巷位于成都市中心,它的变迁见证着这座城市的发展。20世纪50年代,曹家巷建起了一排排红砖楼房,每户面积大约15平方米。在当时,住在红砖楼房里是让人羡慕的,因为绝大多数成都人那时还住在平房里。在红砖楼房旁边修建的"成套房",更是人们所向往的。所谓"成套房"是指面积40平方米左右,有独立的卫生间和厨房的房子。当时大多数人都住不上成套房,而是挤在单位宿舍,大家共用厨房和卫生间。

随着社会的发展以及物质生活的极大丰富,曾风光无限的曹家巷逐渐没落,变成了成都的棚户区:低矮的楼房,狭小的居住空间,昏暗的走廊,公用的厨房、卫生间,全市环境最差的菜市场。住在这里的人们不再为自己住在红

砖楼房而喜悦,有的只是无奈和叹息。

2012年,成都市政府启动"北改"工程,金牛区、成华区、新都区被列为"北改"三大片区。在此次成都"北改"工程中,总面积约198亩、涉及住户356户的曹家巷由于人数多、人员构成较复杂等原因,成为一块"难啃的骨头"。

曹家巷二街坊星辉东路社区是这次曹家巷拆迁的基层部门。在2012年3月,通过自我推荐和群众选举的方式,社区成立了由13名成员组成的居民自治改造委员会。自治改造委员会成员的职责是传达政府拆迁精神,登记曹家巷居民的居住情况。

居民以选举方式产生的自治改造委员会一亮相,就受到了各方的关注,因为它的13名成员全都是曹家巷的住户。政府让路,政府放权,让曹家巷住户自己寻找一条最适合自己的拆迁道路,这在全国尚属首例。

从2012年3月开始,13名自治改造委员会成员分时段走访356户居民,了解每一户的基本情况:房子有多大、有几口人、家里的收入情况等,同时向每户居民宣传、解释政府的政策。

曹家巷的红砖楼房每户面积都是15平方米左右,通常情况下一间房里住着两代人甚至三代人。所以,许多人都要求政府在旧房换新房、小房换大房的过程中,给他们增加房屋面积。

按照成都市征收房屋补偿标准,房屋面积在48平方米以下的,如果符合条件,改造之后,可以原地补偿一套48平方米的一室一厅。

多数人都对这样的补偿标准不满意,他们反问:"48平方米的房屋如何能住得下几代人?"更有一些情绪激动的居民从最初的支持变成了反对。负责给他们讲政策、说道理的自治改造委员会成员经常遭到冷嘲热讽,甚至被当作敌对方。

金牛区政府在反复研究曹家巷的实际情况后,决定上调容积率,将原来的48平方米调整为58平方米,并设计出58平方米的两室一厅户型,超出58平方米的部分让居民按照新房的评估价出资购买。这个决定在宣布当天获得居民的一致同意。然而就过了一个晚上,居民们又改变了主意,提出58平方米的房子还是不够住。

恰巧此时,中央电视台的新闻节目连续几天报道了曹家巷搬迁的事情,这好比一场及时雨,让不少住户的想法发生了改变。曹家巷的搬迁也开始变得顺畅了。

通常,一场博弈的结果最不堪的是两败俱伤,其次为一荣一伤,但曹家巷的这场拆迁博弈却基本上达到了双赢的最佳状态。这不是不可能完成的事情,但前提条件是双

方都要懂得利益取舍。

　　走出红砖房，住进现代房，曹家巷的居民将这次搬迁看作改变命运的机会。面对曹家巷356户住户，政府的压力是巨大的，这是一件困难重重而又备受关注的大事。如何拆，怎样分？政府也在这场博弈中艰难前行。一次次改变补偿面积，说明政府也把民众利益放在心上。

　　历经岁月的洗礼，曹家巷红砖房已经完成了自己的历史使命，走下了历史的舞台。

　　自主改造模式的成功，归功于听取民众意见、适时化解拆迁矛盾的自治改造委员会，这实质上是百姓参与改造工作尝试的成功。

　　城乡统筹　城乡统筹是指城乡在一定的时代背景中互动发展，实现城乡发展双赢。在城乡统筹发展过程中，要充分发挥工业对农业的支持和反哺作用、城市对农村的辐射和带动作用，建立以工促农、以城带乡的长效机制，促进城乡协调发展。城乡统筹要求我们要改变过去那种重城市、轻农村，"城乡分治"的观念和做法，通过体制改革和

政策调整逐步清除城乡之间的樊篱,要把解决好农业、农村和农民问题放在优先位置,加大对农业的支持和保护。

❋ ❋ ❋

出生在一座著名的城市里,这是一个人幸福的首要的条件。

——[古希腊]欧里庇得斯

小商品实现世界梦

义乌小商品城坐落于浙江省义乌市,被联合国、世界银行等机构公认为全球最大的小商品市场。

义乌地处浙中金衢盆地,一不靠海、二不沿边,山多地少,土地贫瘠。然而尽管如此,这座城市却创造了令世人瞩目的经济奇迹。2011年,义乌市生产总值连续跨越4个"百亿元"台阶,达到726.1亿元,年均增长11.8%;2012年,义乌市实现地区生产总值803亿元,比上年增长10.2%。支撑这奇迹出现的是义乌悠久的历史文化、独特的人文精神。而"勤耕好学、刚正勇为、诚信包容"这12个字是"义乌精神"的真实写照。

"鸡毛换糖"是义乌人耳熟能详的故事。话说在义乌农村,农民为了给贫瘠的土地增肥,在农闲时把当地特产蔗糖制成姜糖。他们手摇拨浪鼓,肩挑货担,走村串户,用糖换来鸡毛并将鸡毛当成肥料施在田里。由此开始,后来交换的范围越来越广,包括针线等日常用品,发展至今已用小商品换出了个大世界。

正是这千千万万个"小企业"和家庭生产单位,汇成了一个巨大的产业集群,托起了这个全世界最大的小商品市场。据统计,义乌有占世界生产总量40%的电子钟表生产企业,占全国产值总量70%的饰品生产企业、50%的胶带生产企业、40%的拉链生产企业、35%的袜子生产企业,有国内规模最大的清洁球、织带、易拉罐生产企业,等等。

目前"义乌制造"形成了针织袜业、文体用品等20多个特色优势产业,并创下了多个中国第一乃至世界第一。

在小与大的自由王国,义乌人以小谋大,将小与大的辩证法巧妙地融入一个个商业活动中……

宗元生产的是人们经常用到的铅笔。而他也是义乌最大的铅笔生产企业的掌舵人,他的工厂一年生产2亿支铅笔,销往世界各地。

开始时,宗元曾尝试做过乳酸饮料,由于经验不足,他引进了一条低端的生产线,结果做出来的乳酸饮料味道不好,卖不出去。他因此亏光了全部家产——60万元,还欠下了一屁股债。

无奈之下,宗元只好到岳父的铅笔厂打工,开始和铅笔打交道。

有一天他的岳父问他:"你了解铅笔吗?"

宗元说:"不就是铅笔吗?木头中间插一根碳条,一点技术含量都没有。"

他的岳父摇摇头:"别小看了这一支笔,从一棵树到一支笔,中间要经过300多道工序。年轻人要脚踏实地,积少成多啊!"

宗元一下领悟了岳父所说的道理,他从岳父那里盘来3台机器,开始在自家10多平方米的卧室里做铅笔。他和两个工人晚上做铅笔,白天拿到市场上卖,几毛钱一支的铅笔一天能卖100多元。

卖了一年铅笔,手头积攒了一些钱,宗元觉得不开发新产品不行了。1998年,他向银行贷款3万元钱,买了新设备,制造抽条铅笔。这种铅笔当时只有少数大企业才能生产。由于生产成本低,宗元的工厂生产的抽条铅笔每支价格比其他企业低1分5厘,上门要货的人踩破门槛,厂里一天要生产10多万支。生产量一大,利润就成倍上涨。

1998年7月,一个来自印尼的商人看中了宗元的铅笔,一下就向他定了660箱,3个月内宗元就赚到了10000多元。这是他的第一笔出口生意,让他见识了什么是"小

商品大市场"。

你知道一根细细的吸管利润是多少钱吗?只有5毫到8毫钱。

这是多么小的利润呀,一般人往往会面露不屑:做啥不比这利润多呀!可就是这看似不起眼的吸管,成就了义乌的"世界吸管大王"——楼仲平!

小时候的楼仲平家里穷,兄弟姐妹有6个。他儿时最深刻的记忆就是饥饿。因为家里太穷,他读完初二后就辍学跟着父亲去江西一带做鸡毛换糖生意。当他有机会办厂时,他选中了生产吸管。

1994年,他租了两间民房,买来两台机器,和妻子两个人没日没夜地做吸管,一天要做几百公斤,而每根吸管的利润只有8毫钱。就这样做了3年,两口子倒也赚了一些钱。

可就在这时候,金融危机爆发,塑料原材料大幅涨价,许多吸管厂纷纷改行,吸管厂数量从原来的40多家一下子减少到三四家。妻子担心地问楼仲平:"咱们也改吧?这样下去要亏死了。"楼仲平摇了摇头,说:"吸管是易耗品,需求量大。只要过了这个坎儿,一定有钱赚。"

楼仲平硬是跨过了那个坎儿,将吸管产业越做越大,家庭作坊也升级成为双童日用品有限公司。

"我上网很早,网络在中国还是新生事物的时候,我就把吸管放在网上卖了,我用吸管把世界都'吸'进来了。"楼仲平说起此事很是得意。靠着网络,他的吸管顺利地销往国外。目前,公司通过电子商务成交的业务占公司总业务的一半以上。

现在,义乌双童日用品有限公司是世界上最大的饮用吸管生产企业,有60条生产线,公司90%以上的吸管销往世界各地,日出口吸管8吨,一年的产量占全球吸管需求量的四分之一以上,每月利润达40万元。

像宗元、楼仲平这样的例子比比皆是,几乎每个义乌商人身上都有着一段传奇经历。从"世界超市""小商品的海洋,购物者的天堂""买全球货,卖全球货"到"小商品,义乌造",义乌以积极、外向、进取的心态,从原先一个贫困的浙中小城向国际性商贸城市迈进。

面对如此微不足道的"少"和"薄"竟能创造出如此之惊人的"多"和"厚",我们不禁赞叹义乌和义乌人。有人说:"每一个义乌商人都是一本市场经济的教科书。"在市场经济的大浪潮中,义乌人敢想敢创,讲究诚信,甘于吃苦,这或许才是义乌"点石成金"的真正秘诀吧。

专业市场 专业市场是指市场客体范围较窄、专业性较强的市场形态。专业市场不是从来就有的,它是在经济发展到一定程度、社会分工逐步深化的条件下产生的。专业市场是社会分工在市场中作用的结果。通过分工,它为市场上的需求者提供了更多的服务。专业市场的优势是在交易方式专业化和交易网络设施共享化的基础上,形成交易领域的信息规模经济、外部规模经济和范围经济,从而确立商品的低交易费用优势。

❈ ❈ ❈

一年三百六十日,都是横戈马上行。

——(明)戚继光

爨底下奏出和谐乐章

爨底下位于北京市门头沟区斋堂镇。"爨"和"窜"同音,原有灶的意思。当年在建这个山村时,主人为其取名"爨底下",有躲避严寒或避难之意。

爨底下村距今已有400多年历史。相传该村祖先于明朝永乐年间从山西迁移至此,建立韩氏家族聚居之地。这里繁华一时,在历史上也曾是兵家必争之地。爨底下村属清水河流域,绿树成荫,村后有古道"一线天"。这里现今居住的依旧是清一色的韩氏家族。经历了数百年沧桑巨变的爨底下村,依旧保持着自己独特的风貌——明清古居。

这里有大大小小共689间74套明清时代的四合院民居,它们是我国保存比较完整的山村古建筑群。民居坐落

在山谷北侧的缓坡上,坐北朝南,占地约1公顷。一条街道将村落分为上下两部分。民居以村北的山包为轴心,呈扇面形向下延展。全村的四合院布局合理、错落有致,建筑风格既有江南水乡细节、局部处理上的精致,又有北方高宅大院恢宏的气势。灰瓦飞檐、石垒的院墙在凝重厚实中透着威严、恬淡、平和,积淀着深厚的文化,被称为"京西的布达拉宫"。

爨底下村既是国家级文物保护单位,又是京西传统教育基地、影视基地。20世纪90年代后,爨底下村村民也合着时代的节拍,迎改革创业之风,蓬勃发展民俗旅游业,"农家乐"旅游、服务也逐渐成为一种时尚。

门头沟区斋堂镇爨底下村村民韩孟林说:"以前村里是一家一户地搞接待,各干各的,所以有点乱。书记一来把全村的旅游服务都给规范了,吃的、住的价格统一,而且明码标价,来的客人再也不用担心挨宰了,玩得既舒心又踏实。村子的口碑好了,客人越来越多,大伙儿也就富了起来。"韩孟林口中的书记是谁呢?

她就是带领爨底下村村民向"管理要效益"的村支书王秀莲。

王秀莲刚被调到村里当支书的时候,爨底下村已经开

发建设近 10 年,农民们户均年收入七八千元,村民们都感觉很满意了。

但是真正到了村里一看,王秀莲发现村集体竟然一点存款都没有,而且还欠着人家 70 多万元的工程款。这能算是一个旅游名村吗?

具有丰富的农村工作经验的王秀莲深知村里工作的难度和自己肩上担子的分量,她暗下决心:"要干就要干好,要把爨底下村建成全国一流的村子。"

"新官上任三把火",她第一把火就烧到了节骨眼上。虽然爨底下村已经是个民俗旅游名村,但是由于长期无序发展,村民们各自孤军奋战,整个村子如一盘散沙,缺乏规划。王秀莲找到北京建工学院的专家为村里拟订了远景规划和近期目标,启动了文物保护、生态修复、景区拓展开发等 10 项建设工程。

在这 10 项建设工程中,基础设施建设是当务之急。但是村里还欠着工程款,工程队们都不愿意来。没办法,王秀莲就带领着村民自己干。很快,他们在有效地保护古村风貌的基础上顺利地完成了管线入地工程。

过去只要节假日一到,游客多的时候,吃水就成为难

题,因为村子里没有水。王秀莲带领村民把村里管线铺好后,就投资打机井一眼,铺设管道 2000 多米,家家户户接通了自来水,一下子就把吃水难的问题解决了。

接下来,他们又完成了村公路的拓宽改造工程。但在入村公路拓宽改造工程结束以后,王秀莲发现游客比之前还少。按理说路好走了,游客应该更多才对。王秀莲经过调查发现,原来是因为村里只有路,没有通公交车。游客要进村就得坐黑车,所以就都不愿意来了。王秀莲想了一招,积极与八方达客运公司联系,开通了苹果园到爨底下的公交车,每天两班,这样既方便村民出行,又方便散客随时来玩,还解决了黑车拉客问题,可谓一举三得。

她的第二把火则是烧向了村干部和景区工作管理人员。当时村里管理比较混乱,景区没有考勤和财务管理制度。有些人光着膀子、穿着拖鞋在景区晃,门票出售点也不固定,连打扫卫生的手里都攥着票。这可是个硬骨头,村子就那么小,就那些人,动谁都像要动整个村子。

于是,王秀莲先走门串户了解情况,然后组织大伙儿定制度。经过村民讨论,很快,5 章 48 条的《村民自治章程》制定好了,景区员工考勤制度有了,账目也实现了日清

日结。

　　看到有些村干部、景区工作人员利用职务之便往自家拉客,还有人随意抬高商品价格,导致游客时有投诉。王秀莲决定管理整个村子的旅游接待工作,并制定了游客分配实施细则。景区管理处对游客食宿进行统一分配,按顺序依次循环安排,食宿也定了最高限价,比如贴饼子1元、大通铺15元每人、单间50元每间等,杜绝了拉客宰客现象。

　　这第三把火,则是王秀莲自己的"绝活"。爨底下村光有旅游接待收入可不够,她还要把这个牌子做出影响来。具有市场营销经验的王秀莲想了一招:充分开发"爨底下"这个无形资产。村里用"爨"字和"爨底下"3个字分别申请了五大项、50个小类产品的注册商标。接下来,就开始寻找有门头沟特色的旅游产品,从纯天然的荆花蜜开始,从无到有,从少到多,又陆续推出了黄豆、绿豆、玉米面、小米、手工艺品等十多项产品,还请专业人士设计制作了统一的包装标志。目前,包装后的农副产品收入已成为全村除门票、餐饮、住宿之外的又一条增收渠道。

　　在王秀莲的带领下,爨底下村已发展成为国家级文物

保护单位和 4A 级国家旅游风景区。全村旅游总收入和人均收入都翻了几番。

2007年,王秀莲被推选为党的十七大代表,作为京郊唯一的农村党支部书记代表前去人民大会堂参加党的十七大会议。看到村民自发欢送自己,王秀莲泪流满面。因为她知道梦想更大,责任也就会更大。脑子时刻也不空闲的她有了新的打算:在村外建一个旅游综合服务区,以股份制的形式让村民参股,采取"村内游、村外居"的双向发展模式,为爨底下村申报世界文化遗产打基础,实现真正意义上的保护古村落文化资源的目的。王秀莲常说自己的梦想其实很简单,就是保护住老祖宗留下来的宅子,让乡亲们一道过上更富足的生活。

沟域经济 沟域经济是集生态治理、新农村建设、种植养殖业、民俗旅游业、观光农业发展为一体的一种山区经济发展新模式。它是北京市在农业区域经济、流域经济基础上,结合北京山区农业发展基础与特点提出的崭新概念。北京市为实现山区经济的循环快速发展而推出的"沟域经济"发展模式在多个区县试点,进行了成功的探索和实践,成为京郊山区发展的新亮点。西藏也有"沟域经济"的概念,它指的是"沟顶繁育,沟谷育肥;支沟繁殖,干沟育肥"的"双圈耦合模式"。

任何合理的城市规划必然是区域规划。

——[英]刘易斯·芒福德

全国最强县的惊叹

在上海边上,有一座小城市,它是"百戏之祖"昆曲的发源地,是中国大陆经济实力最强的县级市,连续多年被评为"全国百强县"。它就像镶嵌在上海与苏州之间的一颗璀璨明珠,不断散发出耀眼的光芒。它就是昆山。

光芒四射的昆山背后是一个个昆山人的故事,他们有的是农民、外来打工者,有的是下岗工人,是他们在践行着昆山"开放、融合、创新、卓越"的城市精神和"勤勉、包容、机智"的城市文化性格。

周祥求,一个普通的农民,曾经的"下岗"村干部。2000年之前,他担任花桥镇聚杨村村民委员会主任,此前他还担任过村民兵营长、治保主任。2000年9月,聚杨村被并入上岸村,周祥求就这么被"分流"了,一次性获得了

约 2 万元的补贴。

作为家里的顶梁柱,周祥求可不能让家里人断了口粮,要怎么办?反复思量后,周祥求决定承包村里的 40 亩鱼塘搞水产养殖——养螃蟹。但是周祥求手上没有足够的积蓄。村里的干部在了解情况后,决定借给他 3 万元钱,这 3 万元钱成为周祥求的创业基金。

"一波未平一波又起",周祥求养蟹第一年就遇到了麻烦,鱼塘里的一些螃蟹得了"抖抖病"。眼看着越来越多的螃蟹患病,周祥求心急如焚。恰巧此时,镇上的养殖协会组织养殖户到苏州淡水养殖研究所学习,周祥求就带了几只生病的螃蟹去向专家请教治疗方法。在研究所专家的点拨下,周祥求很快掌握了治疗方法并控制了螃蟹的病情。这次经历使周祥求意识到,致富赚钱不仅要勤劳,还要懂科学。

螃蟹养殖成功了,下一步是去找市场。周祥求每天早上 6 点钟,骑着三轮车把产品运到与花桥镇相邻的上海安亭镇,再从那里辗转坐车到上海,把产品送到客户手中。正是凭着不服输、不怕苦的劲头,周祥求很快建立起了自己的供销渠道。养蟹的第一年,周祥求就赚了 5 万元。第二年,收入又翻了一番,达到了 10 万元。2003 年,周祥求增加了承包的鱼塘面积,达到了 123 亩水面,年收入也稳定在 30 万元左右。

现在的周祥求日子好了,他说谁都有困难的时候,要不是当初村里的干部决定借给自己 3 万元钱,自己也不会有今天。现在,他会尽自己的能力去帮助需要帮助的人。

昆山是一个典型的移民城市,外来人口的数量每年都在增加。据资料统计,到 2006 年,昆山的外来人口已超过本地人口,达到 65 万人,还有 3.7 万外籍常住人口。昆山市专门为"移民"编写了《昆山新市民幸福手册指南》。小册子不厚,但内容非常丰富,包括怎样在昆山找工作、怎样读书、怎样看病、怎样维权……分门别类,一目了然。很多人表示,想做"新昆山人"很容易,最关键的一点是在这里找工作一点都不难。

刘文海,一个来自江西的小伙子,冲着"昆山接纳外来工的门槛很低,技术不是太好的人也能找到适合的工作",他放弃了原来的工作,来到了昆山。

刘文海一直从事建筑动画与室内效果图设计工作。刚来到昆山时,他一个月的收入只有 500 元人民币,住的是公司的宿舍。刘文海换过几次工作,也与人合伙开过公司,但他觉得自己可以施展更多的才能,创造更大的价值。于是,他租了一间房子,将它改造成一个集吃、住、工作于一体的图文工作室,开始自己创业。当年进行个体注册

时,他花了1000元,而现在他正准备成立一家公司。"在昆山,你只要有能力,就有机会。"刘文海对自己的未来很有信心。

朱仁荣,生于20世纪50年代,1979年高中毕业,在之后的20多年里,他除种过田,还在村办企业、私营企业里打过工。不过,因为学历不高,没有一技之长,他只能做简单的工作,而且一直做做停停。很快,昆山的外向型经济迅猛发展,外资企业纷纷前来投资建厂,对员工的需求量很大。朱仁荣自幼动手能力较强,在日常生活中也自学了一些简单的电焊操作技术,平时邻居家的农具或其他铁制品坏了,他总是热心地免费帮他们修理焊接。他想,如果能在一个外资企业里当一名电焊工,有个稳定的职业,就能养活一家人了。于是,朱仁荣鼓起勇气,满怀希望,尝试着跑企业面试,托熟人介绍……但现实却很残酷:他没有接受过正规的培训,没有国家认可的电焊操作证书,他相中的企业都拒绝了他。"我是家里的壮劳力,下有一天天长大的孩子,上有一天天衰老的父母,我怎么能不急?"就在快要崩溃的时候,朱仁荣得知镇劳动保障所要开办电焊工操作技能培训班,考试合格后可以获得国家颁发的电焊工证书,他欣喜若狂!

朱仁荣把这次学习的机会看作人生的转折点,在一个月的时间里他认真学习了《电焊工技术》《金属焊接切割工艺》等课程。除上课时专心听、认真记笔记外,他每天晚上都在灯下专心复习。那段时间,朱仁荣常常看书到深夜,有时边看书边在家里进行电焊操作试验,连妻子都怪他说:"邻居们都睡熟了,深更半夜的,你疯啦?"在培训班组织的现场操作实践中,朱仁荣细心地聆听老师傅讲授的每一个要领并牢记在心,实践操作时他总是抢在最前面,不懂的问题总是认真请教。通过培训,他认识到自己过去掌握的一些所谓的电焊技能很肤浅,有些操作方法是不规范甚至是违规的,这更激发了他学习的热情。经过刻苦学习,他顺利通过了理论考试与实践考核,领到了国家颁发的《电焊工职业资格证书》和《特种作业人员培训合格证书》。

有了证书后,经劳动保障所介绍,朱仁荣很快被德国企业投资的澳帕曼织带(昆山)有限公司录用了。在面试时,该公司老总仔细地看完他参加焊接技术培训的考核成绩等有关资料,然后高兴地说:"好,好!我们公司正需要你这样的技术工人。"在接下来的几个月里,他把公司当成自己的家,脚踏实地埋头苦干,几次受到公司领导的表扬。朱仁荣感到无比欣慰。

在昆山,只要你肯努力,就会有足够多的机会。因为有踏实能干的昆山人,昆山的明天会更加美好。

苏南模式 苏南模式是指在我国江苏省无锡、常州、苏州等地通过发展乡镇企业实现非农化发展的模式。苏南模式的主要特征是:农民依靠自己的力量发展乡镇企业;乡镇企业的所有制结构以集体经济为主;乡镇政府主导乡镇企业的发展。这种发展模式是由我国著名社会学家、人类学家费孝通在20世纪80年代提出的。

❋ ❋ ❋

城市即人。

——[英]莎士比亚

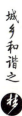

西递的账本故事

　　西递村位于安徽省黄山南麓的黟县东源乡,距县城 8 千米,黟县县城至潭口公路从村庄西北经过。西递村以一条纵向的街道和两条沿溪的道路为主要骨架,构成东西向为主、向南北延伸的村落街巷系统。所有街巷均以黟县青石铺地,古建筑为木结构、砖墙维护,木雕、石雕、砖雕丰富多彩,巷道、溪流、建筑布局相宜。村落空间变化韵味有致,建筑色调朴素淡雅,体现了皖南古村落人居环境营造的杰出成就,具有很高的艺术价值。西递的石、砖、木三雕,堪称"西递三绝"。西递的村落古居不仅是研究清代民居建筑的实物资料,也是研究明清以来徽商社会经济形态、建筑史和艺术史的珍贵资料,被誉为"皖南民间故宫""明清民居博物馆""东方文化的宝库""世界上保护最完好

的古民居建筑群""世界上最美的村镇"。2000年11月30日,在澳大利亚凯恩斯召开的联合国教科文组织第24届世界遗产委员会会议做出决定,将中国安徽古村落西递列入世界文化遗产名录。

村里人都说西递村委会书记胡建元的办公室里藏着一件西递村的"宝贝"。胡建元自己则认为那是比宝贝更珍贵的东西,因为它见证着西递村发展的历史,它就是西递村的一大摞账册。

胡建元保存的大量西递村账册,见证了西递村的发展。1987年,西递村发展旅游第一年的账册上清楚地记录着:"1987年全村经济收入31.6万元,其中旅游收入2000元,占当年全村总收入的0.6%。"

西递是从1986年下半年开始发展旅游业的,当时的门票价格是2角钱一张,1986年当年全村的旅游收入只有300多元。"其实1987年才是西递旅游发展的真正开始。"为了进一步了解旅游给西递带来的变化,胡建元还制作了一张表格,表格清楚地呈现了西递村人口与人均收入的变化。到了1996年,西递全村人口为1005人,人均收入已经达到了1777元。

在1996年,西递正式成立了旅游公司,对旅游收入进行统一管理支配。当年,西递旅游公司给村民发放了旅游

红利,每人100元,不过并不是现金,而是每户一台煤气灶具,其目的主要是为了保护旅游环境,减少村民的砍柴烧火行为。

从账册中可以发现,从1996年开始,旅游公司每年都给村民发放旅游红利,而且每年发放的红利金额都在增加。2000年,西递被列入世界文化遗产名录,当年的旅游收入猛增,村民所得旅游红利也大幅增加。

"旅游收入占全村总经济收入比重,从1987年的0.6%到2005年的70.1%,这是西递村经济格局的变化,也是旅游给西递带来的巨大变化。"胡建元说。自从西递发展旅游业以来,老百姓的生活有了明显改善,村容村貌也有了明显改变,村民的保护环境意识增强,综合素质明显提高。

而今,西递的游客数量每年都有大幅增加,西递以遗产地文化观光旅游为龙头的支柱产业已经形成。做旅游事,吃旅游饭。2012年,西递村农民人均纯收入已经达到13273元。

"这些都是旅游带来的变化啊!"胡建元介绍道。如今的西递村已经蜚声海内外,尽管这里以前也不算贫穷,甚至在四里八乡还算是一个挺"富足"的地方,但是谈起现在生活和以前生活的差别,村民们还是有很多话要说。

余兰芳1978年从叶村嫁到了西递村,当时西递村村民的收入主要依靠种地、养蚕获得。余兰芳在叶村一天拿的工分是1角钱,而在西递村她一天能拿到7角钱工分,这在当时已经算是很高的收入了。西递村已经通了公路,每天有两趟车(上午和下午各一趟)到县城,车票是0.25元,也算得上交通便利。

其实开始时,西递村村民并不很赞成旅游开发。因为旅游经济的发展,在客观上导致了村民收入差距的扩大,生活方式的转型也让很多人感到不适应,曾出现过村民"端起碗来吃肉,放下筷子骂娘"的现象。但在"非典"出现的那一年,西递旅游突然冷了下来,村民的收入骤然下降,这个时候大家才真正意识到旅游给他们带来了什么。从此,大家对发展旅游业的支持度都大大提高了。

而随着旅游的发展,余兰芳自己的生活方式较之以前也有了很大的改变。现在她和同伴余淑珍帮助外地老板经营酒店,这个酒店更像是旅社和酒吧的结合。由于老板常年不在,她们两个基本当了这家酒店的家。如今余兰芳家里的5亩地大部分已经给别人耕作,家里只剩下不到2亩,都是机械耕种,平常管理只需要偶尔去照顾一下就可以了,"生活得更加轻松了"。

早年的时候,当地居民还没有保护这些徽商时代遗留下来的大量徽派建筑精品的意识。"有一些上了年纪的村民没有能力上山砍柴,就把自己家房子的一些部件拆下来当柴烧。当时一栋古民居,就值300斤萝卜!"村民胡柏华有着清晰的记忆。

但正是"旅游"这个新名词改变了西递的一切,使古民居的命运发生了戏剧性的转折。看到村里办起的旅游公司有了收入,中外游客对粉墙黛瓦、徽州三雕赞叹不已,村民们意识到了这些古民居的价值,自觉进行保护。"要世世代代保护这属于中国也属于世界的文化遗产。"西递人遵守承诺,并始终用行动兑现着这份承诺,以表达对这块土地、这片建筑、这段历史的尊重和爱戴。

对此,西递每年会将门票收入的20%作为文物保护资金用于遗产保护。除强化资金保障外,西递人还专门成立了西递遗产保护抢救小组,建立健全30余项保护利用规章制度,并从修订《村规民约》入手,探索出了党员认领古民居保护、十户联防等有益做法,构筑起了政府与民间联动的保护网络。除此之外,白蚁防治、道路仿古、建筑改徽、古树名木复壮……都是古村落、古民居保护管理的有效举措。西递近年来投入大量资金,用于实施"遗产保护、业态升级、设施配套、交通优化、社区和谐、机制创新、管理

加强"等七大系统建设。

今天,风光旖旎的西递正努力抒写一首山水田园诗。无论是恢复西递的后边溪湿地,还是实施污水处理、农业综合开发、庭院美化净化等环境治理项目,都是在维护古村落的原真性和完整性、延续文化遗产的生存命脉方面迈出的坚实步伐。"在保护中开发,在开发中实现更好的保护。"这是西递村民最深的感受。依托世界文化遗产地这一得天独厚的资源,西递很多农户从事旅游及相关服务业。而穿行于西递的古街窄巷、来往不绝的游人也催生出不同的业态。

"西递,你那浓荫掩映着人家,更兼那粉墙黛瓦写尽了,幽幽古意……"《吟西递》是西递人自创的一首歌曲。"粉墙黛瓦""幽幽古意",不仅唱出了古村落风雨千年的历史遗韵,更唱出了村民们心中对未来的憧憬。西递人,正努力不懈地打造出和谐美好乡村的鲜活样本。

知识链接

皖南民居 皖南民居是指位于安徽省长江以南山区地域范围内、以西递和宏村为代表的古村落,主要有徽州风格和淮扬风格。皖南古村落民居在基本定式的基础上,采用不同的装饰手法,建小庭院、开凿水池、安置漏窗、巧设盆景、雕梁画栋,创造优雅的生活环境,体现了当地居民极高的文化素质和艺术修养。皖南古村落选址建设遵循的是有着2000多年历史的《周易》风水理论,强调天人合一的理想境界和对自然环境的充分尊重,具有重要的历史价值和建筑价值。

❋ ❋ ❋

问渠哪得清如许,为有源头活水来。

——(南宋)朱熹

中国最有名的农民

2005年美国《时代周刊》的封面人物是一位慈祥的中国老人,他被称为"中国最有名的农民",在他的领导下,贫穷落后的村子被建设成为中国公认的"天下第一村"。他叫吴仁宝,"天下第一村"就是今天声名远播的华西村。

华西村的成功离不开吴仁宝,甚至有人说没有吴仁宝就没有华西村。2013年3月18日,当这位老人安详地闭上眼睛后,很多人质疑:"华西村怎么办?""华西的共同富裕模式还能继续吗?"

让我们一起回到1961年,那时候华西大队刚刚成立,吴仁宝被任命为大队书记,他带领全大队干部群众一干就是17年,使得华西村成为全国著名的农业先进典型。特别是在1972年,华西村粮食亩产超过1吨,成为当年"农

业学大寨"的样板村,吴仁宝"一战成名"。

但他并不满足于这些。"发展农业也就是填饱肚子,老百姓手里没钱"。早在"以粮为纲"的年代,吴仁宝就开始寻找致富之道。他总是想着法子让华西村的农民早点富起来。20世纪60年代后期,吴仁宝就大胆地提出要创办一家小五金厂。在当时的环境下,这样做存在着巨大的风险,一旦被政府发现,后果不堪设想。为了保密,吴仁宝让人在工厂的四周筑起围墙,窗户蒙上厚布,对外守口如瓶。小五金厂隐姓埋名十载,为华西村创造了上百万元的利润,村民们获利颇丰。

历史的车轮很快行进到了1978年,党的十一届三中全会消除了全国人民的思想疑虑,也使吴仁宝终于吐出了长久郁积在心中的一口闷气。但吴仁宝总觉得,靠小五金厂这种小打小闹的做法,华西村民不可能真正富起来。1979年4月2日,华西钢板网厂正式上马。从此之后,吴仁宝带领华西村人,依靠自身积累,积极外引内联,办起了一个又一个企业。乡镇企业使华西村的面貌发生了根本性变化,也使农民真正富起来了。

20世纪80年代初,华西村的农民住宅要翻新改建了,以前的老式平房将要被拆掉。但吴仁宝发现了它们的

妙用。随着开放步伐的不断加快,越来越多的外宾到中国旅游考察,不断富裕的江南农村是他们向往的地方,其中就包括华西村。吴仁宝想,为何不把平房改造成专门接待外宾的"农家宾馆"呢?这一想法促使华西开创了一片新天地。之后,全国各地到华西参观考察学习的人越来越多,华西村的宾馆也就越来越多、档次越来越高。

20世纪90年代,华西村又盖起了全国最高的金塔,塔内集购物、餐饮、住宿、娱乐、商务为一体,游客还可登上塔顶,鸟瞰华西村全貌,远眺田野农庄。吴仁宝的超前意识成就了华西村的一个重要经济支柱——以旅游为主体的农村第三产业。目前,第三产业在华西村经济中所占比重已高达20%。

进入20世纪90年代后,华西村的发展思路进一步拓宽。吴仁宝敏锐地意识到了"华西村"这一无形资产的巨大价值。于是,他们开始与江苏最大的卷烟厂——淮阴烟厂合作开发了"华西村"牌香烟,与中国最大的酒厂——五粮液集团共同推出了"华西村"酒。最后,连"仁宝"这一个普通但又不平凡的名字,也被用来作为华西村一些产品的商标,市场上又多了不少消费者信得过的商品。

吴仁宝并不满足于此,他又盯上了对经济活动具有重大影响的资本市场,叩开了股市投资之门。世纪之交,华西股票正式上市,为华西村在新世纪的腾飞提供了资金支持。很快,经济发展了,农民富裕了。

1亿、3亿、10亿、50亿、100亿元……此后的10余年里,华西村总产值呈几何级数增长,吴仁宝的角色,与其说是一个村官,不如说是一个企业家。在办企业上,他一贯的实用主义思想处处可见。在华西村,冶金、纺织、旅游三大支柱产业,各自形成了完整的循环链。以冶金为例,华西钢铁厂炼钢产生的水渣供应给华西水泥厂,炼钢粉尘被水一冲便成污泥,华西人为此专门建立了污泥球团厂,而球团与矿粉加在一起,又成为炼钢的原料。节约利用每一种资源,即便是挖湖也不例外,挖出来的好土烧砖,坏土筑路,湖可用来为工业生产蓄水,又是旅游的新亮点,一举四得。如此一来,靠着逐年的积累,华西村的企业数量越来越多,发展越来越好。

华西村的快速发展模式其实在中国许多乡村都可见到,但华西难能可贵的典范之处在于发展集体经济,实现村民的共同富裕。在华西村30平方千米的土地上,在华西村的自有资产中,集体资本稳占主体,农民个人股金也占相当的比重,平均每户几百万元。在吴仁宝看来,集体多

一点还是个人多一点,这并不重要,重要的是集体和个人的利益必须紧紧结合在一起。

这么多年来,吴仁宝发展集体经济的思想不曾动摇,但他坚持发展集体经济,而是在不同的政治经济环境下,从华西村的实际出发,创造性地、灵活地走出了一条发展集体经济的路子。当不少人对股份合作制这种新事物议论纷纷,把它看作对集体经济的冲击时,吴仁宝已经在华西村实行股份合作制了。华西村在分配上实行真正意义上的按劳分配、多劳多得。集团总公司与各下属公司、企业实行承包经营,经济效益超额部分,实行如下兑现办法:企业的超额利润,20%上缴集团公司,80%留给企业;留给企业的部分,其中10%奖给承包者,30%奖给其他管理技术人员,30%奖给职工,还有30%留给本企业作为公共积累。华西村还规定"少分配、多积累,少分现金、多记账入股",对奖金特别是承包者的奖金,只兑现20%现金,80%长期记账入股享受分红。这样既充分调动了个人的积极性,又保证了华西村走共同富裕的道路。

在别人还在一个劲儿地争论姓"社"姓"资"时,吴仁宝提出,华西村可以搞一村两制,但不许干部一家两制,更不搞一人两制。这是对华西村集体经济的又一次创新和发

展。根据这个思路,华西村吸收了大量的外资,办了许多合资合作企业,还引进聘用了不少海外人才。华西村还出台了优惠措施,一条龙帮助投资者办理各种工商税务登记手续,降低各种费用,创造了一个有利于个体私营投资者办企业的良好环境。

而吴仁宝本人最过硬的一点,就是正确地把握好自身名利与集体利益的关系。用他的话说,就是坚持做到"三不":不拿最高工资,不拿最高奖金,不住最好的房子。华西村成片的别墅式农家住宅,让人眼热心跳。作为华西村的掌门人,吴仁宝住在一幢旧楼房里,无论村民们怎样劝说,他始终坚持要等全村人都住进了新楼才肯搬进新居。

共同富裕不仅仅需要物质上的富足,更需要精神上的富足。作为全中国的一个创举,华西村在1988年成立了"华西精神文明开发公司"。这个公司的任务是负责华西精神文明建设方面产品的产、供、销。公司办了华西农民业余学校、培育中心等实体,聘请20多名信息员及时掌握和反映群众的"思想信息",公司则对症下药,开展"生产经营"。

而每星期五晚上,在华西村的书场里,吴仁宝只要没有出差,就会到这里来说上一阵。说的是他对国家政策方

针的理解、是管理华西村的经验,当然也少不了说一说华西村的发展远景和规划。同样的内容,经他一讲,就趣味横生。每到这个时候,书场里人气就特别旺,有外地来参观的人,有打工仔、打工妹,也有华西村的村民。他们听到的不仅是华西村的过去、现在和未来,还是中国农村的未来。

华西村走出了一条在社会主义条件下把集体利益和农民自身利益和谐结合的路子。作为发展集体经济、实现共同富裕的成功典型,华西村在送走了他们至亲至爱的老书记后,迎来了发展的新篇章。未来的道路充满荆棘,但正如吴仁宝所说,共同富先要集体富,共同富必致家家富。华西村人将坚持共同富裕的梦想不动摇。

华西模式 华西模式是村庄治理与企业管理的有机结合体,是现代企业制度与传统村规民约恰到好处的融合与对接。华西村根据国内外现状的变化而不断创新,大力发展第三产业,并大力引进先进技术,发展现代企业制度,最终形成了大规模的集团公司。从村庄的角度讲,在全国

实行联产承包责任制之时,华西村并没有盲目从众,而是破天荒地实施集体所有制,使得土地等资产统归村庄集体所有,解决了村庄治理中极度缺乏合作这一难题,使得全体村民成了牢固的利益共同体,极大地增强了激励力度,发掘了全体村民的智慧。

❋ ❋ ❋

家有黄金数吨,一天也只能吃三顿;豪华房子独占鳌头,一人也只占一个床位。

——吴仁宝

高碑店变身"宜家"村

从天安门往东8公里,有一个高碑店村,它是离首都最近的一个村庄。高碑店村在辽代便已成村,史称"高米店"(音),至清代更名为"高碑店"。高碑店的村民依通惠河而居,在通惠河河岸世代繁衍生息。

自1983年以来,京沈铁路、京通快速路、滑轮电厂、北京市高碑店污水处理厂、高压线路等国家和市重点工程建设占用高碑店村的大片土地,使得原有耕地2300亩的高碑店成为一个"叫农村无农业、称农民无耕地、农转居无工作"的"三无"村。但村民们在党和国家的关心下励精图治,找寻到了一条适合自己的发展之路,使高碑店村成为一个年产值3亿多元、被北京人称为"宜家最大的竞争对手"的专业家具村。

2002年是高碑店村最困难的时候。当时有1000多个农民需要找工作，还有1400多个农转居自谋生路的村民滞留在村子里，也需要安置工作。村子周边土地没有了，这些人如何生存？这成为摆在高碑店村党总支面前的一个严峻的问题。

首先需要解决的是环境问题，尤其是当时贯穿村子长1800米的通惠灌渠，40年来处于"三不管"状态。老百姓们随手往里面扔垃圾、倒臭水，使得这个原来16米宽的灌渠成了一条污水沟。

村民还在灌渠上面搭建了房子，使得水渠治理更加困难。要想通渠，首先得把这些房子清理掉。新上任的支芬书记刚开始做村民思想工作的时候，村民们很不理解，认为住了这么多年，脏也好，臭也好，都接受得了，根本不想拆建在上面的房子：

"就别折腾啦，还建着房子呢！"

"都这么过来几十年了，一折腾还不知道啥时候可以收尾呢。"

"这搞不了，太多年了……"

虽然有很多反对的声音，但是灌渠总是要治理的。

　　大规模的宣传没有起到效果，支芬书记开始使用各个击破的方法。她建立了党员联系户制度，让每个党员干部负责做一定数量住户的思想工作，尽可能利用党员的亲缘关系组成一个个固定的圈子。

　　党员们挨家挨户做工作，细心讲道理，一遍不行就说两遍。村民们慢慢地从不理解到理解，从理解到接受，心里的疙瘩被解开了。接下来要看党员们的实际行动，因为他们自己家也面临拆迁问题。

　　2002年11月，党员们身先士卒，先拆了自己家的房子。村里大力宣传了党员的行为。就这样，村民们的破房子被拆完了，水渠慢慢被疏通了。

　　水渠疏通出来解决的是一时的问题，但如果村民们还是像过去一样乱丢垃圾，这条水渠很快又会被堵住。

　　为了改掉村民们乱丢垃圾的习惯，高碑店村村委会做出了定点倒垃圾、违者处罚的规定。要求村民在晚上6点钟以后、早晨8点钟之前定时、定点倒垃圾。

　　开始时同样是采用劝说的方式，党员们挨个给习惯于随手倒垃圾的村民做思想工作。但很多村民对此非常不耐烦。

　　"这么多年都这样，房子都拆了，还想怎么样？"

"城里人都还不一定能做到呢,我们村里人怎么能做到?"

……

村民们不但不支持,还产生了严重的逆反心理:你不让我倒我偏要倒,白天倒有人盯着,我就晚上倒。

这可怎么办?尽管困难重重,支芬书记还是坚持让联防队员每天轮流监督,早晨8点钟以前把所有的垃圾都运走,并且对垃圾箱进行消毒,使它们保持干净。慢慢地,村里环境变好了,有点城里的感觉了,村民们的思想也发生了变化。他们想:稍微改改习惯,环境会好很多!越来越多的村民开始配合并习惯定时、定点倒垃圾。

可是仍有一些人就是不改。支芬书记请党员上门做工作,不仅仅是劝说,他们每次都主动把这些村民们家的垃圾带到指定地点。长此以往,这些村民逐渐被感化,不仅能够做到定时、定点倒垃圾,连门前的堆物堆料都自觉清理了。爱护环境的风气逐渐形成了。

虽然环境变好了,但是村民们的腰包还没有鼓起来。如何才能带领村民发家致富?还是要发挥村民们的特长。高碑店古典家具一条街是20世纪90年代初逐步形成的,到2002年时,街上经营古典家具的商户已经有30多家。

从2003年开始,村里投资100多万元,对这条街进行改造,整修道路、绿化美化,并按照明清建筑风格统一改造了门面。这条街一下子显得亮堂高端了。

光有硬件还不行,高碑店还得聚人气。于是,当地举办了第一届规模甚大的高碑店古典家具展示会。这下子许多人都知道了:北京近郊有一个卖家具的地方。许多外地的家具商人也盯准了这个市场,纷纷想进村,更多的村民也开始从事家具生产、销售。就这样,村里的商户从原来的30多家,迅速发展到了400多家。

高碑店的家具产品越走越远,远销欧美、东南亚等十几个国家和地区,拥有100多家固定的海外客户。2005年,高碑店古典家具一条街被北京市商务局正式命名为"北京市第六条特色商业街"。

但是支芬书记和高碑店村村民们总觉得还缺了点什么。通过不断考察,大家一致觉得是缺少了文化氛围。现在的家具街只是商业街,不能像"宜家"那样为购买者提供一种购买家具的文化特色氛围。大家有了更高的目标,高碑店要从卖家具发展到卖家具文化。村民们和支芬书记一起对古典家具老街、古典艺术新街、水乡茶楼一条街、国际民俗接待区、医药批发产业区和民俗园进行统一规划,

形成"三街、两区、一园"的产业发展格局,并引进了聚仙堂、华夏民俗文化园、北京匾额博物馆、中原文化艺术长廊、徽派宰相府和飞云画院等文化特色产业,还引进了老北京的华声天桥市场和暖炉博物馆等项目。

原来的家具一条街变成了古典艺术新街,以古典家具收藏修复、设计制作、展示销售和文化交流为特色,具有深厚的文化内涵。越来越多的游客到高碑店挑选家具。

如今的高碑店到处是青砖灰瓦的徽派建筑,碧水潺潺流过古街,林立的店铺中摆着各式家具。村民们住进了大别墅,拥有了自己的产业。"三无"的高碑店村已经成为一个"发展有后劲、人人有事干、生活有乐趣"的"三有村"。确切地说,这里不应该叫"村",因为这里有新城市元素,还有村民们继续追求的梦想。

北京匾额博物馆 北京匾额博物馆位于北京市朝阳区高碑店,占地面积约3000平方米,其中仿古建筑面积2600平方米。北京匾额博物馆共分5个展厅:第一厅展出科举简史;第二厅展出生员(秀才)匾额;第三厅展出举

人(文举、武举)匾额;第四厅展出状元、榜眼、探花、进士匾额;第五厅展出大型木匾、石匾。北京匾额博物馆共收藏木、石匾额500多方,其中的元代科举门,是该馆的镇馆之宝。

❋ ❋ ❋

所有的城市都是疯狂的,然而是华丽的疯狂。
所有的城市都是美丽的,然而是冷酷的美丽。

——[美]克·达·莫利

负债村变身亿元村

湖北仙桃刘口民间曾流传一种说法:"过了刘家口,性命到了手。"仙桃人对刘口村的印象是"想象不到的穷,想象不到的乱"。以前,因为当地地痞流氓太多,货商老板都尽量绕道而行,经过刘口村就要交"买路钱",打架斗殴、抢劫盗窃是家常便饭。刘口村治安如此之乱归根到底是因为穷。2006 年以前,村里靠 1025 亩土地养活 2866 人,人均年收入不足 3000 元。看着这么一个穷窝,不仅外村的姑娘不愿嫁过来,就连离开刘口的本村人也不愿再回来。

但是在 2006 年以后,昔日负债 200 多万元的刘口村集体资产已经过亿,成为远近闻名的"仙桃第一村"。究竟是什么让刘口村完成了华丽的蝶变呢?

这主要归功于刘口村党支部书记朱腊章。在他之前,

刘口村换了几任村支书,都没有改变局面。最后,在老支书的反复劝说下,在外闯荡多年的朱腊章同意放弃高薪工作回村试试挑起这个重担。

不试不要紧,朱腊章试了才知道是多么困难!刚上任,朱腊章就受到了挑战,开城中村改造大会时,只要他讲话,就有人在下面敲锣打鼓干扰秩序,还有人拉黑色横幅轰他下台。很多不明真相的村民也跟着起哄,使得大会无法继续。"擒贼先擒王",朱腊章决定从"最硬的钉子"——李国定入手。他带着几个村干部冒着大雪上门找李国定谈心,没想到吃了个"闭门羹",李国定就是不开门。朱腊章一次不行就去两次,两次不行就去三次。看到村支书拿出了"三顾茅庐"的劲儿,李定国才勉强打开了门。

见到李国定,朱腊章说:"我来拜访你,村民说李国定拆台你为什么还拜访他。说你拆台,我不认同。你不同意说明我这个台搭得不正、不好,有需要重搭、改造的地方,你是为了更好地捧我的台。"这一番话触动了李定国。朱腊章接着说:"你出主意,做参谋,我们共同把刘口的事办好。"李国定终于被感化了,他的气消了,后来还成了朱腊章的"铁杆支持者"。

就是通过这么一次次不厌其烦的说服动员,一个个开始时持反对态度的村民都改变了主意,在村民心中,村委会干部不再是要拆自己房子的"外人"。

在得到村民的信任后,朱腊章借贷10万元,请来了武汉理工大学的教授为刘口村的发展规划蓝图。当看到规划图纸上的花园洋房、古色古香的美食文化街、能容纳上千人的大戏台时,村里许多人都觉得这种事情简直是像天方夜谭。一系列的质疑声再次向村委会袭来。

"这村怎么可能弄成这样?"

"规划规划,墙上挂挂嘛!"

"折腾半天弄这东西,不就是为了拆我们房嘛!"

"做再好你不分给我,你卖了、你吃了,我怎么办?"

"我对你老朱信任,你不能搞到一百年,后头的人能不能把家守得住?"

……

朱腊章觉察到这些怀疑的背后,更多的是顾虑,是对产权的顾虑。他在一次大会上含泪地说:"我知道你们担心这个家业以后就不归你们了!放心,我会立规矩,你们直接参与经营,我干,别人也干,谁也不能违背这个规矩,村里51%的发展资金足够应付各方面开支,49%都是给你们的分红!我们保证这个家业是你们的,永远是你

们的!"

但仅仅靠动员劝说,效果还不够明显。于是,他再次借贷,由村委会召集村里 70 个村民代表,赴深圳、珠海等地考察。

这个考察可不是流于形式的走马观花。村委会选择了深圳、珠海的 4 个村,分别是做得好的两个村和做得不好的两个村。对比 4 个村的情况,人家发现搞得好的村每年股份分红是 70 万,而搞得不好的村,村民思想不解放的,搞一年小产权出租才获利 10 万元。

考察的村民代表深深地被这种对比震撼了,谁不想多挣点钱,过上好日子?在考察回乡的大巴车上,70 位村民都抢着发言,纷纷表示只有改造才有出路。回来后,在村民大会上,80% 的人同意规划,支持城中村改造。

说起来不容易,做起来更难。重建改造的决心是有了,但刘口村到底该走一条怎样的改造之路呢?

改造还建政策还没下来时,群众中间流传着各种各样的搬迁版本,没有一个明确的方案,让村民们心里很不踏实,大家都十分担心村子改造后利益会被少数人占有。为了消除大家的疑虑,村里召集村民反复开会,集体商讨分配方案。小到还建房的公摊面积,大到年终分红,都需要经过村民的同意。

其中，意见分歧最大的是建房一、二层门面租金的分配方案。会场像炸开了锅似的，村民坚持认为门面房不能留给集体，留给集体的话，钱都会被装到干部腰包里，他们都要求自己经营。

当时朱腊章感觉特别委屈，3天时间瘦了10斤。但是在村子改造过程中，村民是主体，村民集体决策是铁律，村里的事是村民们说了算，不是村干部说了算。经过几个月的反复开会讨论，村委会一家一家探访，在征得全部340户搬迁村民的同意后，制定了第二套方案。

刘口城中村改造方案被递到仙桃市政府后，刘口村获批成为南城新区城乡一体化首批试点村，沙嘴街办事处给刘口村提出了这样一个必须完成的任务："城市得形象，社区得环境，村里得发展，群众得实惠，子孙得保障。"

有了政策上的扶持后，刘口村的建设大幕正式拉开。村里首先成立了刘口工贸有限公司，实行股份制，实现村民与集体的捆绑式发展。公司成立后，刘口村走市场化之路，公司通过土地置换以120万元一亩的价格，将185亩土地卖给开发商进行市场运作，再将得来的资金投入200亩还建房及产业项目沔街的建设中。刘口村在进行村庄

改造的同时,发展壮大了村集体经济。

改造后建成的沔街风景如画,游人如织。汪洲河水穿街而过。河的一边是按照明清老沔阳风格建成的美食一条街,店里供应的既有来自北京的烤鸭,又有来自广东的早晚茶;既有外地佳肴,又有本地土菜。刘口戏台居中点睛,沔阳文化风情扑面而来。汪洲河的另一边是一排排鳞次栉比的电梯住宅楼,一楼全部开发成商铺,热闹非凡。村里居民可以优先在社区物业、餐饮单位工作,解决了500个村民的就业问题。

刘口村村民仅用一年多的时间就完成了搬迁,并且完善了各种基础配套设施,创造了搬迁建设史上一个奇迹。11万平方米共21000套还建房建得比原来规划的大方漂亮,340户1200多名村民住进了崭新的带电梯的楼房。4000平方米的社区广场、2000平方米的荆楚第一戏楼、3800平方米的观戏广场,可容纳几千人在这里开展各类文化活动。

如今花园式的新刘口连续几年犯罪率为零,到刘口人们不再提心吊胆;而小伙子们也不愁找不到媳妇,外村的姑娘都希望能够嫁到刘口去。

一年立起一个城,春节后外出打工的刘口青年到年底

回来时都认不出自己的村子了。但是眼前的一切却又是真实的,古朴别致的城楼、富丽堂皇的戏楼、宽敞的音乐文化广场、一层层拔地而起的还建楼、功能齐全的社区服务中心,他们都说刘口村一点不比外面的城市差。

新城建设不仅让刘口村旧貌换新颜,更鼓舞了村民的精气神!如今,刘口人并不满足于"仙桃第一村"的美名,他们正谋划着再建一个意大利风情小寨,东区的改造建设也在紧锣密鼓地进行。他们的下一个目标是要成为"湖北第一村"。

负债村一跃成为亿元村!"还建优先、民生优先、发展优先",在尊重村民意愿的基础上,放开思想大胆往前走,或许是刘口给予我们最大的启迪吧!

城中村 从狭义上说,城中村是指农村村落在城市化进程中,由于全部或大部分耕地被征用,农民转为居民后仍在原村落居住而演变成的居民区,亦称为"都市里的村庄"。从广义上说,城中村是指在城市高速发展的进程中,滞后于时代发展步伐、游离于现代城市管理之外、生活水

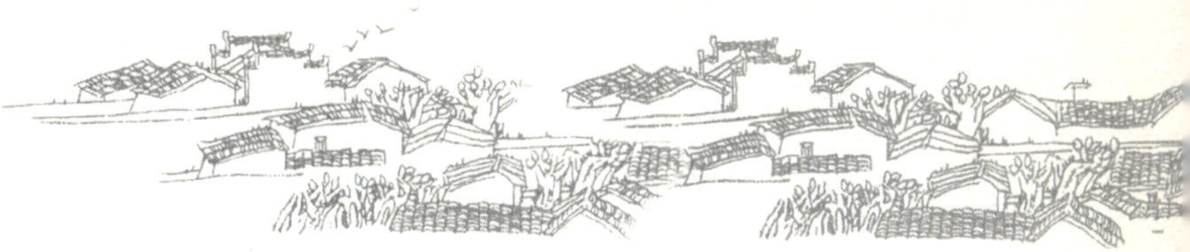

平低下的居民区。城中村具有农村和城市双重特征，是城市化进程中的产物。

✻ ✻ ✻

生活就像海洋，只有意志坚强的人，才能到达彼岸。

——［德］马克思

农村改革先锋

　　小岗村是中国农村改革的发源地,是中国十大名村之一,位于凤阳县东部约 40 千米处。1978 年以前,人民公社制度把全国农民牢牢地拴在了土地上,农业生产效率低下,"大锅饭"的弊端毕现。

　　小岗村是远近闻名的"三靠村"——"吃粮靠返销、用钱靠救济、生产靠贷款"。1978 年的安徽,从春季开始就出现了旱情,全省夏粮大减产。小岗村的农民在走投无路的情况下,选择了包产到户这条路。1978 年 11 月 24 日晚上,在安徽省凤阳县小岗生产队的一间破草屋里,18 个衣衫老旧、面色蜡黄的农民,借助一盏昏暗的煤油灯发出的微光,面对一张契约,一个个神情紧张地按下血红的手印,并发誓:"宁愿坐牢杀头,也要分田到户搞包干"。这份

后来被保存在中国革命博物馆的大包干契约,被认为是中国农村改革的"第一枪"。出人意料的是第二年小岗村就实现了大丰收,不仅向国家交了公粮,还还了贷款。在当时的安徽省委书记万里的强力支持下,小岗村的大包干经验在安徽全境推广。

这是小岗村的第一张红手印,也是给中国农村带来巨大变化的红手印。但遗憾的是小岗村起了个大早,却赶了个晚集。小岗村村民们一夜越过温饱线,但用了20年也没跨过富裕槛,直到20世纪90年代,小岗村依然处在刚过温饱线的状态。

这时,一个人的到来改变了小岗,他就是被誉为"小岗之子"的沈浩。

2004年2月,一次谈话打破了沈浩生活的平静。安徽省财政厅领导找他谈话,要选派他到凤阳县小岗村挂职,任期3年。

从省、市、县三级机关选派年轻优秀党员干部到村镇挂职,帮助农村发展经济,加强基层党的建设,这是省委的统一部署,从2001年开始实施,到沈浩是第二批。经过层层遴选,沈浩脱颖而出。当领导询问他家庭是否有困难时,他不加掩饰地回答说:"家家都有一本难念的经,家里的困难我自己能克服。"

沈浩下定决心后,开始给家人做思想工作:"不就是3年嘛,满打满算还不到1100天,挺一挺就熬过去了。再说,小岗到合肥并不远,开车几个小时就到了,我还可以经常回家。"这句安慰家人的话,他说了无数遍。

沈浩最担心的不是克服家庭阻力的问题,而是自己能否当好这个村官。大学毕业后,沈浩一直在省财政厅工作,专业对口,学有所用,工作顺利。他虽然出生在农村,对农民有着朴素的感情,可一点在基层工作的经验也没有,他很担心自己承担不了这重任。

虽然心里有很多担心,但是沈浩对干好农村工作有着极大的热情。走马上任时他39岁。

他花两个月的时间,把全村108户人家挨家挨户跑了两遍,与每一个村民促膝谈心,向村民讲明一个道理:只有小岗村发展了村民才能富裕。他带着村里36个党员干部和群众代表去华西等先进村参观考察,一路走一路讨论:与先进村比,我们的差距在哪里?小岗下一步该怎么办?

在争取到一笔50万元的资金后,沈浩决定在小岗村修建一条水泥路。

在修路的过程中,沈浩没有采取招投标的形式,而是将全村男女老少组织起来,同工同劳,按劳给酬。这样做一是为了省钱,二是为了唤起每一个村民对小岗事业的参

与感。这是小岗村自大包干以来的第一次集体劳动,又是为自己村修路,人人情绪饱满,热情高涨。

沈浩自己也天天泡在工地上,扛水泥,拌砂浆,什么活都干。有一天傍晚,沈浩看见水泥桶倒在地上,眼看流到地上的水泥就要凝固了。沈浩袖子一挽,双手插进水泥里,一捧一捧地捧起来。路过的村民看到了,也赶紧下手捧,一桶水泥就这样被捧了个干净。

这件小事,传遍了全村。小岗人心里明白了:这个书记是来干实事的!

被命名为"友谊大道"的水泥路高质量地完成了,节约了一半的资金。小岗村召开了隆重的表彰大会,沈浩为每一位获奖者戴上大红花,送上奖金。小岗人笑了……

2006年,小岗村人均收入已经超过5000元。"20年没跨过富裕槛"的问题,在沈浩任职的第三年被解决。

这一年,小岗人有了心事,因为眼看沈浩挂职期满,要回省城了。大包干带头人严金昌和他的老伙伴们凑到了一起。这些当年连杀头、坐牢都不怕的人,这一次,真的怕了。怕啥?怕沈浩走。他们合计着,无论如何也得把沈浩留下。说办就办。几天后,一张摁着98个小岗村村民红手印的"请愿书"被递到了省城,请求让沈浩在小岗再干3年。

还有什么比摁下一个红手印更能表达一个中国农民的情感？掏心掏肺的心愿，都浓缩在这一个个红手印里了。

组织上征求沈浩的意见，他低着头，沉默不语。家有老母妻女，他也十分牵挂。

最终，他还是做出了留在小岗村的选择。98个红手印，拴住了他的心……

这张印满红手印的请愿书带领着小岗振翅高飞，它是小岗人奔向未来的梦！

外表憨憨的沈浩，有着灵活的经济头脑。财经专业背景和在省财政厅工作的经历，让他在经济发展与改革的大潮中目光超前。

他在村支部会上说："纪念改革的最好方式就是继续深化改革！"他提出，只有搞现代农业，小岗才能大发展。

祖祖辈辈刨地取食的农民，从不轻信抽象理论，没见到碗里的饭，一切都是空谈。小岗村开展土地流转的第一个项目，是建造占地200亩的养猪场。

一开始，很多人都不理解。这其中也包括当年摁下生死红手印的大包干带头人严金昌。

沈浩和村支部副书记张秀华一趟一趟地往严家跑，老人脸向东，他们转到东，老人面朝西，他们又转到西，苦口

婆心。

严金昌最终被沈浩的诚恳与坚持感动,土地流转的优惠政策以及丰厚的收益也吸引着他。

实践是检验真理的唯一标准。小岗村现代化养猪场饲养的高山特色风味猪直接销往上海等地的大型超市,价格是普通猪的2倍,小岗人尝到了发展现代农业的实惠。土地流转的农户,除去一年每亩地500元的租金,还在养猪场干活,挣劳务工资,再加上年终分红,一年的收入比过去翻了好几倍。

随后,村里除发展粮食生产外,还发展葡萄种植、双孢菇培植、甜叶菊种植等一系列现代农业产业。严金昌的儿子严德友通过土地流转,一个人承包了200亩葡萄园,每亩收益是过去的10倍。父子俩逢人就讲:"现代化农业是小岗人的救星!"

村里还顺利地实现了招商引资,办起了钢构厂、装饰材料厂和节能电器公司等工业企业。多家大型现代化企业入驻小岗,其中包括美国GLG集团农产品深加工高科技产业园、广州从玉菜业有限公司、深圳普朗特集团的生态农业园等等。

新的小岗,在深化改革的阵痛中,凤凰涅槃。

2008年,小岗村农民人均收入达到6600元,高出凤阳县农民人均水平2000多元,比安徽省人均水平高出39％,是沈浩初到小岗村时的3倍。

2009年秋,眼看沈浩的第二个3年又要到期了,小岗人再次坐不住了。大包干带头人严金昌试探着问沈浩:"你给我们个实话,到年底还愿不愿留下来?"沈浩笑了:"只要你们欢迎我,我愿一辈子留在小岗!"

2009年9月24日,小岗人又摁下了186个红手印,再次挽留沈浩。这纸红手印,寄托了富裕起来的小岗人更远大的梦想……

2009年11月6日早晨,平静的小岗村突然传出一个噩耗:沈书记走了!村民们带着疑问和震惊从四面八方赶来!

第一个发现沈书记去世的是房东马家献和村民杜永兰。

沈浩走的时候身边没有一个亲人。清理沈浩的遗物时,沈浩的妻子王晓勤和女儿沈王一来到沈浩小岗的住处。这是一间普通的民宅,面积不到15平方米,一张床、一张桌子、一个沙发,占据了房内大部分空间。阳台上挂着几件没有晾干的衣服,床前摆着一双沾满泥土的皮鞋。

看到眼前的一切,王晓勤深深自责:一个男人出门在外,多么需要家庭的温暖和亲人的照顾啊!作为妻子,自

己没有做到,让他带着遗憾走了。知夫莫若妻,她知道自己的丈夫是个有理想、有抱负的大男人,大男人就要成就一番大事业。沈浩的确是想干一番大事业,他早已在心中给小岗描绘过一张蓝图,未来的小岗,不再是小岗人的小岗,而是中国的小岗,是世界的小岗。他已经为小岗村制定了"三步走"的发展规划和建设"四型村"的方案……

这一天,小岗人无不沉浸在巨大的悲痛之中。一纸"请愿书"默默地在一双又一双手中传递,在满是泪水的纸上,村民们再一次摁下了一个又一个红手印……

"请让我们的沈书记永远地留在小岗……"

这也许也是沈浩最后的愿望了。他在给小岗村公墓选址时曾说过:"将来我死了,就埋在这里。"这个"将来"让人痛断心肠!

沈浩与红手印一起永远地留在了小岗村。他用短暂而绚丽的生命火焰,在这片厚重的土地上抒写了传奇。

30年前为了生存,30年后为了生活,小岗村的发展过程反映了中国农村和中国农民的巨大变化。而今,这片创造过奇迹的热土,正在等待着"新沈浩",等待着继续蓬勃发展的未来。

知识链接

家庭联产承包责任制 家庭联产承包责任制是指农户以家庭为单位向集体组织承包土地等生产资料,并承担相应生产任务的农业生产责任制形式。它的基本特点是在保留集体经济必要的统一经营的同时,集体将土地和其他生产资料承包给农户,承包户根据承包合同规定的权限,独立做出经营决策,并在完成国家和集体任务的前提下分享经营成果。

❋ ❋ ❋

为什么我的眼里常含泪水,因为我对这土地爱得深沉。

——艾青

学习大寨好榜样

经历过20世纪六七十年代的人都知道"大寨",毛主席一句"工业学大庆,农业学大寨,全国学人民解放军",让"大寨"与"大庆"一起红遍了中国。

大寨位于山西省昔阳县城东南,地处太行山腹地,平均海拔1000米,总面积1.88平方千米。这里属太行山土石山区,由于长期遭风水侵蚀,形成了"七沟八梁一面坡"的地貌。大寨自然环境恶劣,百姓生活十分艰苦。后来,当地群众积极响应村领导号召治山治水,在七沟八梁一面坡上开辟层层梯田,并通过引水浇地改变了靠天吃饭的状况。毛泽东主席于1964年发出了"农业学大寨"的号召,大寨成为全国农业发展的一面旗帜。

关于大寨村的形成,缺乏史料记载。相传在北宋年间,宋军为抵御金兵,曾派兵把守距今天的大寨东北方约5千米的虹桥关。当时宋军建有两个营寨,大的叫大寨,小的叫小寨。这便是"大寨"村名的由来。据当地人讲,小寨村一直到20世纪60年代还存在,但住户已经很少,再后来就没有了。

中华人民共和国成立前夕,大寨全村约有800亩耕地,64户人家,190多口人。太行山区的耕地十分贫瘠,生产条件极差,粮食产量很低。一亩地一年能收获70公斤粮食就算不错了。当地村民生活之艰难可想而知。

大寨人说他们过去有"三穷五多"。"三穷"是人穷、地穷、村子穷;"五多"是当长工打短工的多、负债欠账的多、讨吃要饭的多、卖儿卖女的多、寻死上吊的多。由于穷,大寨村人的住宅也十分简陋。人们多在山沟两边的土坡上挖土窑居住,只有少数人才能住在砖房或用石头垒起的窑洞里。

太行山山区的乡村普遍都很穷,大寨并非特例。1963年,大寨遭遇了一场毁灭性的洪涝灾害,房倒窑塌,村民们的生活雪上加霜。灾后上级领导给大寨人送来了钱、粮等物资,大寨人没有收下,而是给国家退了回去,他们说:"遭灾的地方很多,如果都依靠国家救济,国家的钱财从哪里来呢?"大寨党支部当即提出了"三不要三不少"的口

号:"不要国家钱、粮等物资,交售国家粮食不能少、群众分红不能少、社员口粮不能少。"大寨人决心在党委领导的带领下自力更生、艰苦奋斗,重建家园。果然,5年后,一个崭新的大寨出现在人们面前。

大寨人的事迹受到了各级党委和政府的表彰。毛泽东主席向全国发出了"农业学大寨"的号召,周恩来总理在第三届全国人民代表大会上提出:"大寨坚持的政治挂帅、思想领先的原则,自力更生、艰苦奋斗的精神和爱国家、爱集体的共产主义风格,都是值得大大提倡的。"

过去的大寨是个穷山恶水的地方,漫天风沙,现在的大寨,到处是柏油路,绿化相当合理。在大寨村委领导的带领下,多数村民盖起了新房,有的还住上了"将军楼"(二层楼房)。

自1995年起,大寨开始进行社会主义新农村建设,他们的建设口号是"打深井保障吃水,运输不用挑"。2005年,村里又投资340多万元建设新农村。同时,村里的配套设施逐渐完善,建起了体育场、活动中心、图书社、学校、广场等等。大寨因为新农村建设取得的成绩,被评为"全国文明村",大寨党组织也被评为"先进基层党组织"。

如今,在大寨很少能看见耕作的农民,很少能够看见农田。大寨人抓住了如火如荼的红色旅游热潮,在梯田上种上树木花草，现在已绿树成荫、松柏成林，满山苍翠。大寨森林公园、大寨历史纪念馆相继建成。

大寨人敢于走其他村村民没有走过的路。经过他们的努力，村里还办起了水泥厂、酒厂、服装厂等企业。现在，大寨核桃露、大寨铝塑管、大寨醋、大寨酒等30多种产品行销全国各地。

为了提高村民的科学文化水平，村委会工作人员常请专业人士到村里来给村民上课，或是进行法律培训，或是进行财务培训，或是传授先进技术，使村民的文化素质大为提高。

你可能想象不到，在一个农村的图书社里能看见《瑞丽》《女友》等时尚类杂志，可在大寨的图书社里，不仅有时尚类杂志报纸，而且杂志报纸的更新率非常高。现在，村民们家里都有电脑，并装上了电信宽带。中央电视台的"青春歌会"已二度在大寨的广场上举办，大寨村民的精神文化生活正日益丰富。

大寨人艰苦奋斗的故事震动了每一个中国人的心。从"大寨精神"被提出直到今天，回头看看这里的发展，人们能够深刻体会到大寨人拥有的不仅仅是团结奋斗的精神与坚强的毅力，更是与时俱进的远大目光和成熟的发展战略。在这里，大寨人创造出了乡村和谐发展的伟大奇迹！

知识链接

农业学大寨 20世纪60至70年代山西昔阳县大寨生产大队被树立为中国农业战线上自力更生、艰苦奋斗建设山区的先进典型。1964年5月,毛泽东发出"农业学大寨"的号召。此后,农业学大寨运动在全国农村展开。20世纪80年代初,随着农村经济体制改革,农业学大寨运动停止。

❋ ❋ ❋

社会主义要消灭贫穷,贫穷不是社会主义。

——邓小平

环保卫士护青山

"绿色城市"概念早在20世纪70年代就已被提出来。世界上越来越多的国家将发展绿色城市提升到城市品牌战略层面来考量,以世界眼光和科学理念规划建设未来的绿色城市。要体现"绿色、健康、安全"的理念,就必须严格控制污染、高效利用资源,创造人与自然和谐相处的生态环境。

进入21世纪后,我国从中央到地方纷纷提出建设"绿色城市"的口号。国内已有100多个城市在努力打造不同层面的绿色城市(城区)、生态城市(城区)、低碳城市(城区),如天津的中新生态城、唐山的曹妃甸国际生态城、深圳的光明新城、长沙的大河西先导区,等等。

在建设绿色城市的过程中,各地涌现出许多默默无闻

的工作人员,他们为守护城市的碧水蓝天无私地奉献着。

孟祥民生前是山东省淄博市一名环境监察人员,他在自己的岗位上坚持工作到生命的最后一刻。

孝妇河是流经淄川的最大河流。有很长一段时间,孝妇河的水是黄色的,但污染源难以确定。2008年7月,孟祥民经过长时间排查,锁定了上游一家矿山企业,但检查时发现该企业的污水处理设备运转正常,他认为问题可能出在几十米长的排污管道里,他要进到排污管道中检查。排污管道中不仅存在有害物质,而且管道直径只有一米左右,进去会很危险,可孟祥民在腰上拴根绳子就钻了进去。经过几次进山观察,他发现黄水是该矿山企业过去的矿渣渗水。找到原因后,孟祥民很快便组织人力把这个污染源处理掉了。

环境监察是个辛苦活。淄川是个老工矿区,环保局监管的企业近3000家,占整个淄博市企业总数的三分之一。这里的乡镇企业遍地开花。随着国家在节能减排方面确定了硬性标准,广大群众对环境质量的要求也不断提高,因此孟祥民及其同事们的监管任务十分繁重。加班加点、忍饥受冻、爬高下低对他们来说是家常便饭。越是恶劣天气,越是节假日,他们就越得到现场,因为要防止企业趁机偷排。虽然工作强度很大,但是同事和家人从来没听孟祥

民说过一个"累"字。

环境监察更是个危险活。遇到不合作的当事人,被拒之门外、辱骂、扯胳膊抱腿是常有的事,有时连人身安全都得不到保障。

在一次取缔"土小"企业的专项行动中,一个不法业主纠集十多人,手拿砖头、棍棒,对孟祥民等人大声叫嚣:"谁过来就打死谁!"

可孟祥民没有退缩,他镇定地面对这名业主,讲政策、摆道理、陈清利弊。在孟祥民的帮助下,这名不法业主认识到自己的错误,扔掉砖头、棍棒,配合执法人员拆除机器设备,接受了处罚。

2009年4月,淄川污水处理厂的进水超标,这说明有企业向孝妇河里偷排废水。孟祥民带领夜查组人员查了好几天,发现了一辆神秘的罐车。

孟祥民和同事们开始跟踪这辆车,发现它经常进出于一个院子。孟祥民爬上两米多高的院墙查看,发现院子里有人正将罐车里的废水向孝妇河里排放。孟祥民赶紧跳进院子里制止。违法人员看见孟祥民,竟然放狗咬他。孟祥民躲闪不及,小腿被狗咬得鲜血直流。但他毫不退缩,与随后冲进来的同事一起,帮助警察将违法排污者绳之以法。

有人问孟祥民:"每次遇到危险,你都是冲在前面。你

就不害怕吗?"他说:"我们执法是为了维护国家和群众的利益,危急关头哪还顾得上考虑别的。没有一点敢冲敢拼的精神,是干不好环保工作的。"

作为环保执法者,孟祥民刚正不阿,但在他去世后,当地许多企业老板却都很怀念他。

鲁维制药公司的污水处理厂规模不达标,成为环保监控重点。公司副总经理丁乃坤回忆说:"孟祥民检查、执法很严,但没想到他也很热心,四处收集环保技术信息,带着我们企业的工作人员去其他公司考察。2009年,我们公司根据孟祥民的意见上了新的污水处理设施,使我们公司的废水全部得到回收利用,每年节约成本近千万元,我们的企业也发展成为全国最大的维生素C生产企业。"丁乃坤感激地说:"老孟给我们办了件大好事啊!"

商家镇烨达耐火材料公司总经理高兵回忆说:"刚建厂那会儿,孟祥民就给我们厂下了停产整治通知书。但同时,他也多方查阅资料,研究耐火材料企业的生产特点。之后他建议我一步到位上马天然气隧道窑,实施清洁生产。"通过高标准治理,烨达公司成为淄川第一家使用天然气的耐火材料企业,抢占了商机。高兵说:"对这样的官,我们服气。"

孟祥民把自己的一生都献给了实现绿色城市的梦想!

绿色城市是一个天更蓝、地更绿、水更清的美丽家园。经济的发展、城市化进程的加快,迫切需要建设适宜人居的绿色城市,也需要更多像孟祥民一样的环保工作人员。

知识链接

绿色城市 建设绿色城市有五大目标:充满绿色空间,生机勃勃的开放城市;管理高效,协调运转,适宜创业的健康城市;以人为本,舒适恬静,适宜居住和生活的家园城市;具有特色和风貌的文化城市;环境、经济和社会可持续发展的动态城市。

❋ ❋ ❋

只有服从大自然,才能战胜大自然。

——[英]达尔文

红旗渠精神在延续

可能许多人都知道太行山,但不知道处在太行山东麓南端的河南林县(今林州);可能许多人都知道愚公移山的故事,但不知道成千上万当代愚公劈开太行山修建红旗渠的故事。红旗渠是在20世纪60年代中国经济十分困难的时期,林县人民苦干10个春秋,用血汗修成的1500千米的"人工天河"。

20世纪70年代,周恩来总理曾经自豪地告诉国际友人:"新中国有两大奇迹:一个是南京长江大桥,一个是林县红旗渠。"红旗渠与南京长江大桥不同的是,南京长江大桥的建设是举全国之力,而红旗渠是英勇无畏的林县人民独立修成的!红旗渠始于悲壮,终成辉煌。林县人以一县之力,凭借着简陋的原始工具,积10年之功,成就了千秋伟业。红旗渠其实完全是林县人民被极度缺水的恶劣环境逼着修出来的。它源于中国农民对最基本的生存需要的追求，它是中华民族自强不息历史的精彩缩影，它是人类勇于与恶劣的自然环境抗争且最终获得胜利的光辉典范。

有关红旗渠的故事，漫长而又悲壮。造物主是不公平的，它在漫不经心间把人们的生存环境分为三六九等。对地处太行山的林县而言，自然的赐予过分地匮乏，这里成了一个"十年九旱"的贫瘠地方。翻开林县一本本被岁月染黄了的老县志，映入眼帘的都是"干旱""连年干旱""干枯""绝收""悬釜待炊""十室九空"等触目惊心的字眼。在那个靠天吃饭的年代，林县人斗不过老天爷。

大旱之年，草根、树皮都成了人们的口粮。为了活命，很多人走上背井离乡的逃荒之路。因为这里离山西较近，逃难的人纷纷涌向三晋大地。至今，山西还有"林县村""林县沟""林县集""小林县"之类的地名，反映出林县人当年的苦难和无奈。

因为没有水吃，林县人只能到离村十里、八里或更远的地方去挑水，争水、抢水事件频繁发生。为了活下去，人们不但相互争水，也与野兽争水。有一年大旱，在一个小

山村,人与兽共享一个岩石缝里渗透出来的水,先后有3个人被狼夺去了性命。因为缺水,许多林县山村里的小伙子娶不上媳妇。有个叫牛岭山的村子,村里的姑娘都嫁到了外村,但是外村姑娘都不愿嫁给牛岭山的小伙子,所以牛岭山成为远近有名的光棍村。缺水问题像座大山一样压得林县人喘不过气来。

终于,祖祖辈辈受干旱熬煎的林县人再也不愿苦熬下去了。缺水带来的苦难,激励着林县人向命运抗争,他们把改变现状的渴望化成创造美好生活的伟大行动。

挖山泉,打水井,修水库,建水渠,这些兴修水利的活动是他们改变命运的序曲。无奈,天公对林县人过于苛刻。1958年又是一个大旱之年,泉干库竭渠无水,全县人又陷入了焦渴的熬煎之中。天上不下雨、地下无水汲,林县人只好把目光投向了外地的水源地。经过反复的查勘论证,林县县委做出了引山西平顺县的漳河水入林县(即"引漳入林")的决策。

"引漳入林"(修筑后改称"红旗渠")工程上马的时候,是1960年。到1969年红旗渠工程全面完工,林县人整整用了10年时间。这10年的时间,在人类历史的长河中不过是短暂的一瞬,但对于林县人而言,却是血与汗交织的悲壮的10年,也是改变命运、创造辉煌的10年,更是谱写惊天地、泣鬼神之"红旗渠故事"的10年。

工程启动之初,万民响应。盼水心切的林县人热血沸腾。近4万人的修渠大军从15个公社聚拢过来。他们自带干粮、行李,赶着牛车、马车,推着小推车,浩浩荡荡地奔向漳河岸边的修渠第一线,拉开了"千军万马战太行"的序幕。

修建红旗渠是林县人民改变命运的壮举。为了修建红旗渠,有189名英雄儿女献出了宝贵的生命,256人重伤致残。他们用血肉之躯谱写了一曲又一曲英雄壮歌。

神炮手常银虎腰系绳索,凌空作业,在崖壁上放炮爆破;舍己救人的女英雄李改云在崖石就要坍塌的紧要关头,奋不顾身地推开自己的战友,自己却失去了一条腿;凿洞英雄王师存不畏艰险地开凿曙光洞,险些因塌方被困在洞中,九死一生,仍然不下火线;风华正茂的工程技术骨干吴祖太天天耗在建设工地上,精心设计出一张又一张施工图纸,在王家庄隧洞施工现场出现塌方时,冒着生命危险入洞查险,献出了年轻的生命……

还有排险英雄任羊成。红旗渠动工后,他被借调到红旗渠工地当炮手。在建设南谷洞水库时,工地开山的炮声不断,大小石块不时从天而降,十分危险。为了最大限度地保证施工安全,建设指挥部决定成立凌

空"排险队",并开始招募队员。任羊成第一个报了名,并被推选为排险队队长。凌空排险就是用绳索捆住腰,手持长杆抓钩,身上背着铁锤、钢钎等工具,飞崖下堑,凌空作业,排除险石。原来当地山民为了谋生,不惜冒着生命危险腰系绳索凌空采摘中草药。任羊成把这种方法用到了南谷洞水库建设上。排险队队员的生命就系在那根绳子上,既艰苦又危险。就如同战场上扫雷清障的工兵一样,任羊成和他的排险队队员们置生死于度外,每天在悬崖边飞来荡去,排除险石,为建设大军开路。

一次,任羊成正在排险,一块石头掉下来,他的三颗门牙被砸掉了,鲜血直流。但他坚持轻伤不下火线,直到完成任务。领导和工友们都劝他休息治疗,他豪迈地说:"我死都不怕,打掉3颗门牙算什么!我个人受伤是小事,工友安全是大事!"

第二天,他戴上口罩,带着工具又攀上了山崖。人们见他为了修渠不顾生死,便编了两句顺口溜送给他:"排险队长任羊成,阎王殿里报了名。"在阎王殿里报了名的任羊成有几次真的差点到阎王爷那"报到"去了。一次,正在半山腰排险的任羊成腰上的下堑绳忽然脱落,他从几十米高的峭壁上掉了下去。在场的人都惊呆了,大家以为任羊成这次必死无疑,可能连个囫囵尸首都落不下。出人意料的是,任羊成竟从峭壁下一片荆棘丛中站了起来……

为了修红旗渠,任羊成不但失去了门牙,还断了2次腿。他修渠10年,又护渠25年,直到退休后回老家定居。退休后虽然人离开了渠,但他的心却留在了渠上,每年都要回到渠上巡看一番。后来,他干脆把家安在了红旗渠管理处。

2003年,为了将红旗渠建成青少年教育基地,将"红旗渠文化"传承下去,红旗渠管理局决定开发新的旅游项目——像当年排险队队员那样表演凌空排险绝技。为了再现当年凌空排险的场面,老英雄任羊成不顾自己年老体弱,承担起组建和训练"任家军"的任务。74岁的任羊成在悬崖间飞来荡去,亲自给徒弟示范。2005年"五一"黄金周期间,"任家军"正式亮相表演。在任羊成的指挥下,他们每隔30多分钟表演一次凌空排险绝技,队员们在山崖间腾挪移动,矫健如鹰,尽显红旗渠传人的风采。

勇于筑梦,敢于圆梦。林县人以"重新安排山河"的豪情壮志,硬是把不可能变成了可能。一锤一钎地开凿,一砖一石地砌筑,10年时间,1500千米,10万人的心血和汗水,林县人用勤劳的双手在太行山的悬崖绝壁上劈石修渠,建成红旗渠,结束了林县水源匮乏、

十年九旱的历史。

一批又一批游客来到红旗渠,仰望太行绝壁,远眺滚滚漳河,都为"人工天河"的奇伟而惊讶:"在那么困难的年代,竟然能创造这样的奇迹!"这渠,这水,正是林州人追梦、圆梦的写照。

梦想没有终点。20世纪60年代,林县人"战太行",建成红旗渠,解决了饮水问题;20世纪80年代,10万建设大军"出太行",实现了劳动力转移,使林县的建筑业品牌蜚声国内;20世纪90年代末到21世纪初,为响应"富太行"的号召,打工族返乡,创新创业千帆竞发;在林县人的努力下,"美太行"的蓝图绘就,林县城乡统筹发展,生态环境和谐。顺理成章地,林县撤县建市成为林州,这里的人民行进在新的圆梦征程中。

"红旗渠精神"被一代又一代的创业者赋予新的内涵,成为林州人的品格特质。红旗渠宛如一条飘带,飘扬在太行山壮美的峡谷之中,真切而实在。它激励着今天的追梦人:昨天的梦,已然成为现实;今天的梦,也必将实现!

知识链接

红旗渠 河南省引浊漳河水灌溉的灌区。位于河南省林州市。从山西省平顺县石城镇引浊漳河水,在太行山中盘山开渠,穿岭越谷,进入林州市境内。1906年开工,1969年初步建成。灌区内建有小型水库48座,兴利库容1276万立方米,建塘坝346座,兴利库容1104万立方米。沿渠建提水泵站45座,利用渠道落差兴建小型水电站45座。1992年开始对灌溉工程进行了历时5年的技术改造,提高了工程质量,改善了运行条件,提高了水资源利用率。

❋ ❋ ❋

人的生命,似洪水奔流,不遇上岛屿和暗礁,难以激起美丽的浪花。

——[苏联]奥斯特洛夫斯基

一样的水乡，不一样的故事

每一个古镇，无论大小，都有属于它自己的故事，都有它的内涵。古镇如果没有故事和内涵的话，即使风景再美，也只是没有灵魂的躯壳。

乌镇和许多江南水乡小镇一样，街道、民居皆沿溪、沿河而建，正所谓"枕水江南"。但与众不同的是乌镇沿河的民居有一部分延伸至河面，下面用木桩或石柱打在河床中，上架横梁，搁上木板，形成人们所称的"水阁"，这是乌镇所特有的风貌。乌镇居民就这样世代伴水而生，枕水而眠。

为什么乌镇会有水阁呢？这得从一场官司谈起。

话说乌镇南栅浮澜桥附近的河岸边，原有一家豆腐店。这家豆腐店只有一间门面，开间又小，一副磨豆腐的

石磨子和一口浸黄豆的缸一摆,店里就没有空地了。豆腐店老板打算将店面扩大一点。可是,前边是大街,伸展不出去;左右两边是别家的店面,扩张不开来。想来想去,他觉得还是向后边河面上扩展合适。于是,他就在店后的河床上打了几根木桩,架上横梁,梁上钉了几块板,盖起一个小阁楼,把浸黄豆的七石缸和一些零碎东西移放到那里。这样,店堂里就宽敞多了。

小镇很小,消息传得特别快。豆腐店老板的阁楼刚搭好,镇上的巡检官就派差人来查问了。差人警告说:"这是官河!官府早已发过通告,不准私占河面。限你3天之内拆除,不然就送官查办!"

一听说要被送官查办,豆腐店老板慌了神:"这可怎么办呢?"他想到本街有个穷秀才,常到他店里买豆腐,平时有点交情,就去找他商量。这秀才姓张,为人耿直。张秀才听完豆腐店老板的话,愤愤不平。他嘱咐豆腐店老板:"你不要怕,可以去跟官府说理。我替你写张纸条,巡检老爷如传你过堂,你就说你没有罪,并将这张纸条递给他看。"

3天后,差人见豆腐店老板还没有拆掉阁楼,就传豆腐店老板去见巡检老爷。

巡检老爷狠拍惊堂木,厉声说道:"你私占官河,阻碍

交通,船只难行,该当何罪?"

豆腐店老板答道:"小人没有罪,不信请老爷看。"说着,就将张秀才写的那张纸条呈了上去。

巡检老爷接过纸条一看,顿时眉头打结,哑口无言。最后他只得判豆腐店老板无罪,放他回去了。

为什么巡检老爷看了那张纸条以后,就放了豆腐店老板呢?原来,当时乌镇那条市河比较狭窄,只能并行两只船。为此,县衙曾出过通告,禁止占用河面。但豆腐店老板的豆腐店所在地附近的河面比较宽阔,可并行五六只船,即使搭出一些阁楼,也并不碍事。而在北花桥附近,本来河面就窄,巡检老爷为了停靠官船,筑起了很宽的船只停靠站,使河面窄得连两只船并行都很困难。张秀才在纸条上写的是:"民占官河,五船并行;官占官河,两船难行。谁碍交通?老爷自明。"巡检老爷一看,自知理亏,心想如果硬给豆腐店老板治罪,闹到县衙去,自己也没好处,所以只好判豆腐店老板无罪。

从此以后,乌镇的百姓们为扩大自家的空间,都在河面上建起了"水阁",水阁也就成为乌镇一道独特的风景。游人在碧水蜿蜒、小桥流影、橹声咿呀中看水阁画卷般在眼前徐徐展开,看水乡人在水阁中忙来忙去,听古镇人乡音呼唤声此起彼伏,越来越多的人喜爱上这韵味独特的乌镇水阁。

可谓"一样的水乡，不一样的故事"。来到乌镇，人们除了能够欣赏到美丽的江南水乡风光，还能感受到乌镇独特的文化。

香市，这一民间风俗在乌镇流传已久，茅盾先生称之为"中国农村的狂欢节"。香市在1950年消失了，直到2001年，乌镇人又重新将其恢复。此后，老街上游人如织，整条老街活了。

"长街宴"也是乌镇的传统民俗。每年春节，乌镇家家户户把桌子、凳子搬到街上来，端上热气腾腾的菜，连成一条长街的桌宴，大家共同品尝，甚为热闹。游客们在此品尝到的是美味、是欢笑，感受到的是民俗的魅力。

乌镇素有"书码头"之称。2007年，西栅恢复了民间书场，并将之作为向游客免费开放的文化娱乐和休闲场所。台下，游客与当地居民相邻而坐；台上，说书人的琵琶弦子叮当作响。游客们虽然不是都能听懂说书人的吟唱，但浓郁的江南水乡韵味已在他们心间弥漫。

现在的乌镇天天有活动。皮影戏、花鼓戏，每隔半小时有一场；说书，如果白天没听到，晚上还有两场……

乌镇还有一个值得一说的建筑——"戏剧节舞台"。当初，搭建戏剧节舞台的事情并不顺利。因为搭建舞台耗

资巨大,每年的维护费不少于3000万元,况且戏剧演出很难挣钱,通过出售门票,似乎连收回成本都困难。

质疑声不断传来:"建剧场、办戏剧节到底图什么?"

"搞水乡旅游就好了,又搞什么舞台?"

"乌镇能搞好戏剧吗?"

……

在质疑声中,"乌镇戏剧节舞台"最终被搭建起来了。这个耗资巨大的舞台是个由两座挨着的椭圆形水上建筑组成的大剧院。

但光有舞台还不行,还需要有节目填充。于是,乌镇人开始到处找节目。

如今,现代话剧、高跷巡游、木偶剧、街头戏剧,甚至行为艺术,一出出好戏在舞台上轮番上演。李安、孟京辉、林青霞等诸多大腕先后登场。乌镇戏剧节时,走在路上的游客随时都可以停下脚步观看,如果有兴趣的话还可以参与,融入乌镇戏剧节的大联欢中。事实证明,搭建戏剧节舞台是正确的选择。

曾有位艺术家说:"中国大概再没有第二个小镇可以这么做。"

现在的乌镇,仍在努力地挖掘自己的人文资源,它不但有自己原有的故事,每天还在创造着不一样的新鲜故事。

这也正是在加深乌镇的文化底蕴,利用特有的人文环境和文化生态,给有梦想、有创意、有能力的人提供更广阔的发展平台。而乌镇也在逐步实现从江南水乡的观光小镇,向休闲度假小镇,再向文化小镇升级的梦想。

乌镇 乌镇在浙江省桐乡市北部。秦朝时已经成为市镇,以市河为界,西为乌镇,东为青镇。1950年两镇合一,定为乌镇。乌镇为千年古镇,具有江南水乡特色,街市依河,以桥相连。名胜古迹有梁昭明太子读书处、修真观戏台、茅盾故居等。乌镇是我国的历史文化名镇。

❋ ❋ ❋

生活的理想,就是为了理想的生活。

——张闻天

中国油画第一村

一个城市边缘的村庄却发展成为一个年产值数十亿元、从业人员数万的油画产业集聚区。人们说它是中国文化产业发展过程中的一个传奇,因为它诞生在一个没有专业美术院校的城市,却发展成为一个国家级的文化产业示范基地,甚至成为中国文化走出去的一面重要旗帜。这个村庄,就是中国油画第一村——深圳大芬村。

大芬村里有村民300多人,流动人口1万人以上。村里有成片的六七层的小楼房,小楼房里是专门的油画工作室。

改革开放以前,大芬村的村民以种田为生,人均年收入不到200元。1989年,香港画商黄江来到大芬村,租用民房收集和转销油画,同时招聘学生帮助他做生意。于是，油画的制作、收购与销售这种特殊的产业进入了大芬村。黄江及其学生的油画制作、收购和集中外销一条龙的体系，便是大芬村的油画产业雏形。随着越来越多的画师、画工在大芬村安营扎寨，大芬村的名声也越来越大。"大芬油画"成为国内外知名的文化品牌。

现在的大芬村有以油画为主的各类经营门店1200多家，居住在大芬村的画家、画工有1万多人。他们以原创油画及复制艺术品为主，也有国画、书法、雕刻及画框、颜料等配套产业的经营，形成了以大芬村为中心，辐射闽、粤、湘、赣等省的油画产业圈。今天的大芬村画廊林立，有街心公园的露天咖啡馆、造型各异的现代雕塑，已经初具西方成熟艺术街区的雏形。

大芬村的商家们所销售的油画都是市场上最流行的名画复制的，或者是画家们在名画的基础上根据流行趋势进行的再创造。在逐步发展成为全国最大的商品油画生产交易基地之后，大芬村的画商和画家们意识到只靠复制很难走得更远。

可喜的是，越来越多的原创画师来到大芬。这样，大芬村就有了更多的原创作品。

照燕是一个喜欢原创的画家,但在创作的同时,她不得不考虑生存的问题。

她在大芬村公共租赁房里设立了自己的画室,把画室和家融为一体。照燕的家有60多平方米,客厅里挂满了她的画作。创作是幸福的,谈起自己的画作,照燕脸上总是洋溢着由衷的快乐与幸福。

每次有客户过来,她都要耐心地解说自己画作的特点。不太会做生意的她,只能慢慢学着做。有时候客户进来问她:"这幅画卖多少钱?"她不知道该怎么报价,就对客户说:"你看着给吧。"

照燕去过了珠海、南京、深圳等多个城市,但她最喜欢深圳大芬村的开放和包容。在大芬村里,照燕找到了志同道合的朋友,还凭画寄情,收获了浪漫的爱情。

2008年12月,照燕的画廊来了一位名叫戴维的身材高大的英国男子。戴维驻足观画,久久不舍离去。戴维最终挑选了一幅肖像画,照燕又送给他一幅风景画。这个举动打动了戴维。照燕也被这位具有艺术气质、待人真诚的异国男子吸引。戴维回国后,通过电话与照燕互诉衷肠。2009年8月,戴维再次来到大芬村,除了考察市场之外,他还有一件重要的事情要做——向照燕求婚。4个月后,戴维和照燕走进了婚姻的殿堂。在大芬村,照燕赢得了爱情和事业的双丰收。

2004年,首届深圳文博会开幕,大芬村被选作唯一的分会场。文化产业的植入带动了大芬村的经济发展,同时也培养了一批有知名度的画家。在政府的支持下,大芬村油画产业升级换代,大芬村也成为画家的学习场所。大芬村管理办、大芬美术产业协会经常组织画家集体外出写生,帮助他们与外地的画家进行交流。近年来,如照燕一样的原创艺术家越来越多。

2010年12月9日,大芬本土青年画家何永兴、黄胜贤在南京获得"2010中国百家金陵画展(油画)"金奖。何永兴描绘2011年大运会建设工地的《广阔天空》和黄胜贤的《塬上人家系列——秋阳》油画作品,被江苏省美术馆收藏。大芬村画家的原创水平正在不断提高。

2004年以来,大芬村相继被国家文化部、中国美术家协会等单位设为国家"文化产业示范基地""文化(美术)产业示范基地"等。大芬村的持续发展,离不开政府的扶持、市场的带动和对知识产权的保护。当然,也只有坚持原创,才会有源源不断的生机与活力。

大芬模式 大芬村从一个名不见经传的小村庄一跃成为"文化产业示范基地",是文化艺术品商业化发展的成功范例,也是发展文化产业的一种典型模式。大芬村的发展主要有五个方面的成功经验.一是高度重视统筹协调;二是坚持市场导向、发展创新;三是瞄准国际市场做大做强;四是具有独特的"国际眼光"和"全球意识";五是形成了良性循环发展的产业链和产业圈。

❋ ❋ ❋

保守是舒服的产物。

——[苏联]高尔基

"美的"之城的转型路

　　或许你正用着"美的"电扇,或许你正住在"碧桂园"小区,但你知道它们和北滘的关系吗?如同松下所在的门真、沃尔玛所在的本顿维尔,以及世界上许多"名企小城"一样,北滘的知名度远远低于"美的""碧桂园"等企业。它默默地在这些声名远播的企业身后,成为它们静静的、温馨的港湾。这个小小的港湾究竟涌起了怎样的浪花?让我们从头讲起。

　　北滘,古称"百滘",意为"百河交错、水网密集之地",位于广东省佛山市顺德区的东北部。全镇总面积92平方公里,下辖19个村(社区),户籍人口约11万,常住人口约30万。

　　北滘人充分发挥自身优势,团结拼搏,求实创新,以敢

为天下先的气魄,将北滘建设成"中国家电制造业重镇"。北滘的支柱产业包括家电、金属材料以及机械设备制造等。

北滘的企业发展曾暗藏危机,在外界看来它缺乏企业的核心竞争力。2008年,金融危机导致珠三角很多企业倒闭或外迁,北滘的制造业发展也困难重重:海外市场萎缩,人力成本不断增加,许多企业资金链断裂,以"美的"为首的一批制造业企业承受着巨大的压力。

该怎么办呢?长期以来,"中国制造"始终徘徊在价值链的最低端,在依赖核心科技谋发展的全球经济时代,"中国制造"显然难以进一步发展,已经无法同世界上其他同行业高手过招。

这时,位于制造业价值链高端环节的工业设计进入了北滘人的视野。工业设计被誉为"打开21世纪制造业大门的钥匙"。北滘能否走从制造到设计再回馈制造的转型之路呢?带着这个想法,北滘人开始行动了。

"美的"又一次走在了前面。一如过去,"美的"总是处在改革的浪尖上。

当时的"美的"掌舵人是何享健。他高小毕业后就辍学了,干过农活,当过学徒,还做过出纳。

1968年5月,他和23位居民筹措资金5000元,成立了"北街办塑料生产组",专门生产药用玻璃瓶和塑料盖。之后,他们替一些企业做配件,实体名称改为"顺德县北滘公社电器厂"。更名为电器厂的原因是他们正在为当时颇有知名度的广州第二电器厂,也就是远东风扇厂生产风扇零配件。在为广州第二电器厂生产风扇零配件的过程中,何享健发现生产电风扇并不是很难。于是,他开始带领工人们摸索着制作电风扇。1980年11月,电器厂生产的第一台台扇问世,当时叫"明珠"牌。

但是这个名字实在不好听,何享健觉得缺了点什么。于是他开始征集商标,"彩虹""雪莲"……他最后选用了"美的"。1981年8月,他正式注册"美的"商标。同年11月,工厂更名为"顺德县美的风扇厂",何享健任厂长。

1982年,何享健从澳门带回来一台名为"塑料转页扇"的风扇。当时国内还没有这种风扇,何享健想尝试生产。厂里一些老员工听说后很反对,但是何享健觉得必须要这样做。可是厂里的设备简陋,无法生产这种风扇。1984年,在到日本考察后,美的风扇厂引进了日本的高速冲床。这是中国第一台高速冲床。同年,美的风扇厂开始生产塑料转页扇。何享健还给转页扇起了个好听的名字叫"鸿运扇"。这种风扇风力柔和,适合睡觉时使用。到了1986年,美的风扇厂生产的"鸿运扇"开始销往香港。

但是由于当时美的风扇厂的薪酬并不足以很好地调动员工的积极性,更谈不上留住人才。为了企业发展,何享健想着给员工提高工资,幅度为50%到100%。不过提高工资的事要和镇党委书记商量。

镇党委书记一看方案,当下就拒绝了,说:"这镇里机关的工作人员拿多少钱?教书的拿多少钱?你们厂里一个保卫科科长的工资比镇上派出所所长的工资还高,绝对不可能!"

何享健和书记讲道理,可是不成功。这该怎么办呢?由于实在不忍眼巴巴看着技术骨干相继离职,他决定背地里给他们加工资。这些骨干最终选择留了下来。一年后,镇党委书记承认说,还是何享健做得正确。

到了1988年,"美的"的产值已经达到1.24亿元,成为顺德县10家超亿元企业之一,公司出口创汇达810万美元。

到了1992年,尽管"美的"的生产规模已经很大,但是在何享健看来,他们遇到了一个发展的"天花板",需要改革才能突破。恰巧当时广东省在进行股份制改革试验,何享健对此很感兴趣。不过,政府倾向于鼓励规模更大的乡镇企业进行改革试验。但那些比"美的"规模大、名头响的企业的领导者担心改革后会失去对企业的控制权,所以都

持观望态度。何享健通过努力,争取到了顺德唯一的股份制试点名额。

1993年,"美的"上市获批,成为中国第一家上市的乡镇企业。进行股份制改革后的"美的",从此走上了发展的快车道。

2004年,"美的"公司经营状况良好,试图多元化发展,所以一下子上了十来个项目,其中也包括收购顺德本地的房地产企业。

"美的"所走的路表面上看宽广了许多,实际上却危机四伏。"美的"从资金、资源到管理能力都不足,而且已经影响到了主营业务——电器业的发展。

于是,何享健冷静了下来。他将那些在谈的新项目大部分都取消了,并在企业内部提出:"一年都不准谈新项目。"他宁愿走慢一两步,不愿走错半步。

当时,工业设计作为"美的"家电产业发展的重要助推力,已经成为"美的"未来发展的一个大方向。

"美的"其实是有工业设计研究中心的。早在20世纪90年代,也就是"美的"发展初期,以仿造港澳台地区的电器为主。结果"美的"被一家知名设计企业告到法庭,这也成为当时有名的一起产权纠纷案件。在这种情形下,"美的"被迫建立起了工业设计中心,不过那时一直未得到重

视,大量的设计依然外包。

　　金融危机期间,工业设计又被摆在一个突出的位置。"美的"公司派人找到了镇政府,希望能扩大工业设计中心规模。当时,深圳申报联合国教科文组织"设计之都"成功,深圳等地的设计师们发现自己的许多客户都来自北滘,于是纷纷来到北滘"拓荒"。所以,"美的"人下定决心,拿出自己在北滘的制造厂房,与北滘镇政府一起搭建了占地 2.8 平方千米、总投资 22 亿元的"广东工业设计城",引入了来自德国、日本、澳大利亚等国家的上百家工业设计企业。工业设计城已经慢慢成为北滘突围转型后的标杆,吸引了许多优质企业资源进驻。

　　"美的"与北滘一道又一次走在了产业转型之路的前面。在这个《三字经》作者的故乡,在这个詹天佑、吴趼人、梁士诒、简氏兄弟(简照南、简玉阶)、何香凝等一批南粤名人出生的地方,在这个邓小平同志南方视察时提出"发展才是硬道理"著名论断的地方,北滘人正在用自己走出的一条不一样的路来创造奇迹。

工业设计 工业设计指以批量和机械化为条件,对工业产品进行预想规划的行为,包括推广这些产品而产生的广告和包装等。工业设计的核心是产品设计,即对与人的衣、食、住、行、用相关的产品的功能、材料、构造、工艺、形态、色彩等因素,从社会、经济技术的角度综合处理,既要符合功能需要,又要满足审美的要求。

❋ ❋ ❋

想出新办法的人在他的办法没有成功以前,人家总说他是异想天开。

——[美]马克·吐温

两岸同胞情铸平潭

2009年5月,国务院颁布了《关于支持福建省加快建设海峡西岸经济区的若干意见》,拉开了平潭开放开发的序幕;2009年7月,福州(平潭)综合实验区应运而生;2010年2月,平潭综合实验区正式成立;2011年11月,国务院正式批复《平潭综合实验区总体发展规划》……

在平潭370多平方千米的土地上,涌起了磅礴壮丽的开放开发大潮,演绎着平潭版"春天的故事"。

陈展弟,一位往返于平潭和台湾两地10多年的台湾渔船船长深刻地体会到了平潭的变化。

"小高,小高,我是新竹的老陈啊,能不能请你们再派人到我们船上引航啊?"陈展弟打通了潭东边防工作站高警官的电话。

接到电话后,高警官一边记录,一边确定陈展弟的轮船所处的位置,随后便联系当地有经验的渔民去引航。经过1个小时的"折腾",轮船终于停靠稳当。

经历过这样一次又一次的靠岸和离岸,陈展弟已然成为平潭人的老朋友。但是在十几年前,他却将平潭人视为"敌人"!

2000年7月,当时年仅28岁的陈展弟驾驶台轮随同父亲第一次来到平潭。

那时的澳前镇有"平潭小香港"之称,每天都有许多艘台轮停靠。很多台胞到澳前或城关去买东西,有力地促进了当地经济的发展。

"10多年前的澳前还没有现在的码头,老百姓生活很困难,整个县城感觉就像农村,"陈展弟回忆说,"当年海峡两岸关系紧张,边防官兵检查特别严格,我们就是普通老百姓,载了一点生活用品,根本没有什么违禁品……结果,那些官兵认真、反复地查了几遍。在整个检查过程中他们都绷着脸,让人望而生畏。"

当时陈展弟在心里默念着,这辈子再也不踏上平潭岛。

可是机缘巧合,有次父亲因为身体不好的缘故无法执行航运的任务,陈展弟必须顶替父亲去平潭,但他很不

情愿。

为什么呢？

因为这次去的地方是他一点都不喜欢的平潭。

他试图找借口不去。但是父亲似乎洞察了他的心思，严厉地说："你非去不可！"父命难违，陈展弟只能替父出行，再次踏上平潭。可就是这次经历，使他改变了对边防官兵的看法，改变了对平潭的看法。

当时，陈展弟已经做完了父亲交代的事情，急匆匆地往岸边赶，却发现岸边火光冲天。

原来是一艘满载600桶柴油和十多罐液化气的台轮在东澳港内起火，殃及数艘台轮，形势危急，呼救的声音不时传来。

还未等消防人员赶到现场，部分潭东边防官兵已经赶到港口。当时火势很大，但是这些边防官兵二话没说，第一时间乘船冲入火场。漫天的浓雾，让离得较远的陈展弟都感觉呛得很。

一个，两个……很快，边防官兵救出的船员越来越多。

更多的边防官兵冲过来帮忙，他们解开附近几艘台轮的缆绳助其远离火场。

数分钟后，消防人员也赶到现场，众人松了一口气。可是这时由于着火的台轮远离岸边，消防车根本无法靠

近，而大火电厂仗着风势越烧越旺，几乎吞没了这艘台轮。

已经被救上岸的台轮船长急得大叫："船上还有柴油和液化气！"情势变得更加紧急！燃烧的台轮随时都可能爆炸。

平潭的边防官兵冒着生命危险，将台轮拖到岸边，由消防车进行扑救。突然，风力变猛，着火的台轮的缆绳绷断了，带着烈焰漂向港内。如果它进入港内，会造成更大的损失。这该怎么办呀？

整艘台轮就是一个随时都可能爆炸的大炸弹。边防官兵们没有退缩，他们驾着摆渡船将台轮顶回了岸边，并冲上船去，将一个个滚烫的液化气罐搬下来，与消防员一道扑灭了大火。

站在不远处的陈展弟看到大火被扑灭的全过程，他的心久久不能平静。

他对平潭的印象、对边防官兵的印象改变了。陈展弟深知在平潭有渔船的"保护神"，此后他十多年如一日地往返于平潭和新竹之间，再也没有产生过换地方贩卖渔货的想法。

"说实话，这一两年平潭的变化非常大。"陈展弟说。2009年5月，随着《关于支持福建省加快建设海峡西岸经济区的若干意见》的颁布，有着地理位置的天然优势的福

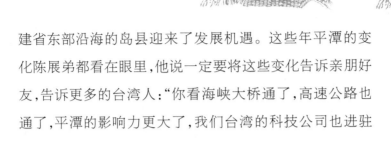

建省东部沿海的岛县迎来了发展机遇。这些年平潭的变化陈展弟都看在眼里,他说一定要将这些变化告诉亲朋好友,告诉更多的台湾人:"你看海峡大桥通了,高速公路也通了,平潭的影响力更大了,我们台湾的科技公司也进驻平潭了……"

越来越多和陈展弟一样的台湾人来到平潭,仅2011年和2012年两年,就有重要台湾团组近300批3000多人次来平潭考察、洽谈业务。这些团组中不仅有大财团、大企业,还有中小企业。同时,大量的台湾元素在平潭出现。如平潭的"台湾美食街"仿照台湾模式,由业主自行成立管委会自主管理,已经有超过100家台湾企业入驻。

而今,平潭岛上处处是热火朝天的建设场景,架桥、修路、填海、建港……一大批重点基础设施工程全速实施。在平潭岛如火如荼的建设工地上,午后强劲的海风鼓动着潮水,一浪又一浪地涌向岸边。涛声、机械轰鸣声混合成一组悦耳的交响乐,振奋人心。美丽的海岛正在华丽转身。平潭这个海西开发区的先行者,正奔着建设两岸同胞"共同家园"的目标大步前进。

两岸"三通" 两岸"三通"是指海峡两岸之间双向的直接通邮、通商与通航,而不是局部或间接的"三通"。两岸"三通"将增加两岸政治上的互信度,可搁置争议、消减敌意、增强民族凝聚力,使得经贸和民间交流进一步加强。"三通"将为两岸带来更多投资,为客运与物流行业带来发展机遇。

✽ ✽ ✽

实现国家统一是民族的愿望。

——邓小平

丽江古城的申遗路

"我不在丽江,就是在去丽江的路上"。如今的丽江早已成为我国旅游产业第一方阵的成员。很多人把丽江魅力归因于丽江被收入世界文化遗产名录的广告效应。回想1997年,丽江申报世界文化遗产可谓一波三折。

1994年10月,一次普通的会议改变了丽江古城的命运,这次会议就是云南省政府召开的滇西北旅游规划会议。在会上,有关领导提出:把丽江古城申报世界文化遗产工作提上重要议事日程,至此,丽江古城申遗工作正式启动。1995年上半年,云南省政府正式同意丽江纳西族自治县政府提出的申遗要求,并上报国家有关部门。

1995年6月,丽江古城、平遥古城、苏州园林被国家文物局正式确定为我国1997年度世界文化遗产申报项

目,而且丽江古城被作为首选项目。同年12月25日,申报工作组在丽江县政府的指导下成立了,申报工作全面展开。

令丽江人始料未及的是,1996年2月3日,丽江发生了7.0级大地震。这次地震波及100万人口,受灾居民人数超过30万,受灾最严重的就是丽江古城。丽江申遗工作陷入停滞状态。丽江县政府领导甚至考虑是否要退出这次申遗,因为震后恢复工作繁重,他们担心短时间准备不好申遗材料。因地震受损的丽江古城还能参加申遗吗?

大家没有忘记丽江。大震后的第18天,联合国教科文组织民办遗产中心的梁敏子女士和理查德先生,在国家文物局郭旃处长的陪同下,冒着余震的威胁亲临丽江古城考察。最终,专家们一致认为,古城虽然遭受严重损伤,但是精髓还在,水系风貌、人文景观依然完好。世界历史文化遗产申报多为王宫、名人故居之类,极少有民居建筑群落,丽江古城的申报正好填补了这一空白。在仅仅被列入"申报预备清单"的情况下,专家们决定破例按已入选"遗产名录"的标准协调拨发了4万美元的费用,用于保护丽江古城。

1996年5月12日至15日,联合国教科文组织考察团

成员到达丽江,对丽江古城的申遗工作和今后的保护工作给予指导和帮助。后来,联合国教科文组织再次派梁敏子女士前来考察,随同前来的还有世界级建筑设计大师多米尼古·佩洪先生。多米尼古·佩洪先生被古城独特的建筑深深地吸引,他异常兴奋地说:"丽江申报世界文化遗产太好了,我要为丽江搞一个非常好的设计,献给丽江人民!"世界对丽江申遗的关注,点燃了丽江人申遗的希望之光。丽江的申遗工作继续进行。

申报文本的编写工作是申报前期工作的重要组成部分,它需要用大量的数据、历史资料和照片来体现丽江古城的历史风貌、建筑特色及民族风情等。同时,更重要的是要运用规划、建筑、历史理论总结丽江古城的建筑学、历史学、规划学价值和保护意义。申报文本质量的优劣将会直接影响申报的结果。在抗震救灾、恢复重建工作千头万绪的情况下,丽江县委、县政府从城建、文化馆、博物馆等单位抽调了14名工作人员,并限令他们按时完成文本的整理任务。

地震使丽江县政府办公室受到重创。面对资料被埋没或散失、时间紧迫、资金短缺的状况,这14位工作人员没有退缩。白天,他们深入各有关单位,在地震废墟中找材料,在资料堆中翻数据。晚上,他们在防震棚内,精心整理文字材料和图片。在余震不断的情况下,在短短几个月的时间里,他们搜集了大量的图片资料,并撰写了20余万字的申报文本初稿,拍摄了一部电视片。他们将准备好的申报文本报国家建设部审批。建设部提出将20余万字的文本压缩到4万字,照片只需50幅,电视片只需30幅图帧的要求。

在京西宾馆内,申报组成员拨通了一个个在京丽江老乡的电话,向他们求助。四五十个老乡有的协助修改文稿,有的帮助整理图片,有的帮助跑翻译公司,联系翻译事宜。用了短短的15天时间,他们将文字、照片等资料全部整理完毕,新的申报文本通过了建设部的审查。6月中旬,当时的国务院副总理李岚清、国务院副总理兼外交部部长钱其琛、国务院总理李鹏先后在报送文本上签字。6月25日,国家派专人将申报文本送到联合国教科文组织。

原本以为剩下的事情就是等待专家的评审,谁想又出现了波折。联合国教科文组织专家在对所有申报材料进行初选后,将丽江的申报材料归为C类。按照联合国教科文组织的评审标准,初选的材料分为A、B、C三类。A类代表申报材料齐全,可以顺利进入下一阶段评审;B类代表申报材料不完善,补充后可以进入下一阶段评审;C类代表申报材料不合格,必须打回去,延期或缓期申报。

怎么会是 C 类呢？明明都准备好了啊！

当时在丽江挂职的国家建设部风景园林司工作人员陈䂵在咨询了联合国的专家后得知，联合国教科文组织没有收到关于丽江的补充图纸材料，建议丽江重新申报。

关于丽江的补充图纸材料是丽江申遗工作人员亲手交给现场考察专家，并委托他们带回联合国教科文组织的，怎么会没有收到？

陈䂵查询了快递、最后提交等环节，都没有发现问题。难道问题出在帮忙带图纸材料的专家身上？

很快，陈䂵的假设得到了证实，帮忙带图纸材料的专家支支吾吾地承认他将丽江的图纸材料弄丢了。

申遗小组进行了交涉和申辩。后来，联合国教科文组织将丽江申报材料从 C 类转成 B 类，即重新补充申报材料后继续参加评审。

评审专家还要求补充丽江与平遥古城的特色对比材料。于是，申报组临时组织一些研究古城、民俗、建筑的专家，包括云南省城乡规划设计研究院原院长、高级规划师顾奇伟先生等，在北京完成了补充材料的工作，并迅速将其送交给联合国教科文组织。

北京时间 1997 年 12 月 4 日，丽江古城申报世界文化遗产成功，申报文本被联合国教科文组织中国全委会的主管领导评价为"最好的文本材料"。

世界文化遗产 世界文化遗产是指从历史、艺术或科学角度看,在世界范围内公认的,具有突出的普遍价值的建筑群、人类工程和考古遗址。1972年11月16日,联合国教科文组织通过了《保护世界文化和自然遗产公约》,成立了联合国教科文组织世界遗产委员会,公布世界文化遗产名录的目的是保护人类共存的文化财产。

❋ ❋ ❋

遗产跟美人儿一样需要小心侍候,稍一疏忽,这两样都会溜之大吉的。

——[法]巴尔扎克

美丽村官的畲乡梦

江西省贵溪市樟坪畲族乡是江西省8个畲族乡之一，是贵溪市唯一的少数民族乡。这里山清水秀、森林茂密，优美的自然景观与深厚的民族文化底蕴融合，形成了得天独厚的旅游资源。星罗棋布的景点，如"千年姐妹枫""泉水瀑布群""卡子洞"等，让人流连忘返。而今，樟坪畲族乡因为一位年轻的大学生村官又进入公众视野。

1987年出生的桂千金，是十二届全国人大一次会议江西省代表团里最年轻的代表，备受媒体关注。她是贵溪市樟坪畲族乡黄思村党支部书记。

2010年7月，从南昌大学毕业的城里姑娘桂千金来到樟坪畲族乡担任村主任助理。2012年2月，桂千金开始担任樟坪畲族乡黄思村党支部书记。桂千金在樟坪畲

族乡快速成长着。村民们开始时对桂千金很不屑,可现在已把她视为"山哈女"(意为居住在心里的女客人)。她愿意为村民办实事,"支持山乡发展和帮助村民致富,让村里的留守儿童不再孤独,要敢于给大学生村官压担子"是她的3个梦想,也是她努力的目标!

当地农民看病难,很多病人曾因为交通不便而错过了最佳的治疗时间。桂千金给乡村医生和山区医生发补贴,让他们安心地留在村里,缓解了看病难的问题。

樟坪畲族乡的发展受制于当地的地形、地貌,是省内著名的贫困乡之一。"要致富,先通路!"刚一上任,桂千金就帮着联系修路。但是路通了,交通依然不便,因为县城到樟坪畲族乡的班车每天只有一班,村里人到县城非常不方便,而且来回花费的时间也太多。于是,她找到县公交公司领导商量增加交通运力。

桂千金清楚地知道,一切问题的根本原因是贫穷。她决定带领村民致富。靠山养山,需要做好环境资源保护工作;靠山富山,需要做好靠山富民工作。她组织成立了村养山护林队。周末,她常常和护林队队员们一道去巡山。但是光制止砍伐山林的行为还不够,还需要带领村民们利用这片山林致富。她邀请林业专家为村民们出主意,教承包林地的村民们科学地种果树、种中药,使农民的收入明显增加。

现在,村民喝上了干净的自来水,家里安装了有线电

视,摆脱了贫困。她的第一个梦想实现了。

留守儿童牵动着桂千金的心。2012年,桂千金从浙江义乌引进了一个小型针织品缝纫加工厂,解决了村里一批人的就业问题,使他们可以就近照顾孩子,减少了留守儿童的数量。

桂千金清楚地知道她现在能为孩子们做的事情很有限,她仍在努力。

"城市发展需要农民工,村里的孩子们需要父母。两者之间究竟该如何平衡?我能做的是尽量多帮助孩子们的家长就近就业,留在家里。可留守儿童问题的解决,仍需要一个探索的过程。"她如是说。

桂千金的第三个梦想是:要敢于给大学生村官压担子,让大学生村官得到更多的锻炼机会。她的人大代表提案就是村官培养问题。就拿江西省来说,全省总共有7500名大学生村官,但是,在村里任书记、主任的,只有53个人,比例很小。大多数人对大学生村官的能力还是持怀疑态度,总认为大学生村官都是一些小孩子,可以打打下手,但是上不了台面。推行大学生村官政策是国家培养后备干部的重要举措。要将这项政策落到实处就需要放开手让大学生村官干事业,给他们压重担,让他们在实践中提升能力、积累经验。

"山风吹来,林涛与溪流共鸣;晨曦微明,珍禽共雾岚齐飞"。在桂千金的带领下,在广大村民的努力下,如今的

黄思村以"经济快速发展、生活幸福美满、生态环境优美、民族团结和睦"为内容的示范村创建活动正如火如荼地开展。这个创造了灿烂而富有独特魅力畲族文化的村落，正在新时期绽放出美丽的光彩。

留守儿童　留守儿童是指父母外出打工，自己留在农村生活的孩子们。他们一般与自己的隔辈亲人，甚至父母的朋友一起生活。2012年9月，教育部公布我国义务教育阶段随迁子女人数超过1260万，义务教育阶段留守儿童人数达2200万。

❋ ❋ ❋

什么叫领导？领导就是服务。

——邓小平

"天骄圣地"的协奏曲

伊金霍洛(意为"圣主的陵园")旗,地处鄂尔多斯高原东南部,是鄂尔多斯城市核心区,也是鄂尔多斯最宜居城区,是一代天骄成吉思汗陵园的所在地,其历史悠久、人文独特,是成吉思汗祭祀文化、宫廷文化、鄂尔多斯风土人情和草原文化的汇集地,更是内蒙古城乡和谐的践行地。"北联南拓,东退西缩,中心辐射",伊金霍洛正在着力打造以阿镇为核心,其他6个产业重镇为支撑的城镇发展体系,努力建成生态宜居的现代化城区。

近年来,阿镇累计投资70亿元启动旧城改造和北区建设,使城镇建成区面积扩大到14.5平方千米。乌兰木伦镇启动花园式生态煤都建设,2008年启动铁东铁西新区建设,城镇建成区面积达9平方千米,被评为"中国十佳绿色城镇"。伊金霍洛人正致力于将伊金霍洛建设成为世界级蒙元文化旅游胜地，立志打造全国最具特色的小城镇，城镇建成区面积不断扩大。札萨克、红庆河、苏布尔嘎、纳林陶亥正在努力建成农村二、三产业集中地、富余劳动力转移地，城镇功能不断完善。伊金霍洛的吸纳集聚能力显著增强，城镇化率已提高到64.9%。

加强城市建设是为城乡统筹发展夯实平台，是硬件基础。只有同时改善公共服务，才能真正突显城乡统筹的城乡民生指向，这得靠软件服务。伊金霍洛旗在城乡一体化进程中"软硬兼顾"，实现了和谐发展。

伊金霍洛旗根皮庙村的老人任二宝与老伴在城乡居民养老保险工程开始实施时缴纳了4356元养老保险金，老两口从2007年1月开始每人每月领取200元的养老金。这按时发放的养老金解决了老两口的基本生活问题，令任二宝深感宽心。

任二宝的宽心得益于由政府补贴启动实施的城乡居民基本养老保险工程。拥有伊金霍洛旗户籍的城镇无业居民、灵活就业人员以及个体工商户，年龄在25周岁以上的农牧民和失去土地80%以上且年龄在16周岁以上的农牧民都被纳入城乡居民养老保险范围。保障基金的筹集和缴纳采取自我保障为主、集体补助为辅、政府给予适

当补贴的原则。男年满60周岁、女年满55周岁可按月领取养老金。伊金霍洛旗实现了养老保险城乡全覆盖。

其实,不仅仅是居民基本养老保险工程,该旗居民的民生问题都为伊金霍洛旗党委工作人员所关心。"十五"期间,伊金霍洛旗推出了包括文明村落建设工程、农牧区广播电视网络工程等在内的民心工程。

"十二五"期间,伊金霍洛旗党委工作人员依然从老百姓最想解决的、最难解决的事情做起,将关注点放在"三农"、教育等与每一位群众切身利益相关的实事上。旗党委政府实施了农牧业"四免三补贴"、义务教育"四免两补"和优化教育环境等一系列惠民政策,并围绕建设教育、就业、医疗、社会、住房、公共服务"六大保障体系",实施了"十大惠民工程",伊金霍洛旗财政安排6.6亿元用于改善城乡居民生活条件,占财政总支出的51.8%。

"十二五"期间,伊金霍洛旗党委推进了城乡服务体制改革,建立均衡的社会事业发展机制,不断完善城乡统筹公共服务保障体系。

伊金霍洛人欣喜地发现旗党委承诺的"十大惠民工程"已全部实施:实施了城乡居民充分就业工程;实施了城乡居民养老保障工程,解决了农牧民、个体劳动者和灵活就业人员社会养老的难题;实施了城镇居民住院医疗保险工程,解决了未纳入城镇职工基本医疗保险覆盖范围的城镇居民的医疗保障问题,多层次的医疗保障体系正在形成;实施了城乡居民供热补助工程,减轻了城乡居民取暖的经济负担,使得全旗农牧民和城乡低保人员普遍受益;实施了城乡低保人员扶助工程,提高了最低生活保障标准,城乡低保标准均有所提高;实施了平安进万家工程,"平安伊旗"建设取得明显成效;实施了廉居廉租工程,切实帮助中低收入家庭解决了住房困难问题;实施了少数民族帮扶工程,对少数民族群众在养老、医疗、就业、教育等方面予以扶持,平等、和谐的社会主义民族关系更加巩固;实施了残疾人扶助工程,残疾人的基本生活需求得到满足;实施了老年人生活补助工程,给70岁以上无工资收入的老年人定时定额发放生活补贴,为老年人送去了温暖。

一项项惠民举措使天骄圣地更加温暖,也更加和谐,同时也让我们看到,伊金霍洛正在健康、有序地向前发展。

知识链接

伊金霍洛 伊金霍洛地处鄂尔多斯高原东南部、毛乌素沙漠东北边缘,东与准格尔旗、陕西省府谷县接壤,西与乌审旗、杭锦旗毗邻,北与鄂尔多斯康巴什新区隔河相望,南与陕西省榆林市神木县交界。伊金霍洛境内资源丰富,交通方便,是我国重要的能源重化工基地之一,也是鄂尔多斯城市核心区。

❋ ❋ ❋

你的心胸有多宽广,你的战马就能驰骋多远!

——(元)成吉思汗

跨越达沃斯巅峰

瑞士有个小镇叫达沃斯。1971年,瑞士日内瓦大学商学院的教授施瓦布在达沃斯创办了一个企业家讨论国际经济的论坛,虽然这个论坛只是一个非政府组织,但它在全球的影响力不断扩大。如今,达沃斯论坛的会员已经超过1000家,且都是国际知名公司。达沃斯论坛已成为全球政要、企业界和学术界人士研讨世界经济问题的非政府组织。人们形象地把它比喻为"经济联合国",小城达沃斯也因此闻名遐迩。

而在中国,也有类似的一个地方。从2002年开始,每年三四月份,亚洲乃至世界政治、经济、文化各个领域的精英在此相聚。它就是每年"博鳌亚洲论坛"举办地博鳌。

很多人看到"博鳌"这两个字都以为是论坛的某种寓

意,甚至以为是某种音译。根据史料记载,早在宋代,博鳌就有疍家人居住。博鳌镇因博鳌港而得名。按照《辞海》释义,博鳌指的是鱼类丰(多)硕(大),用通俗的语言表述就是"鱼多鱼肥"的意思。当时的疍家人盼望有一个"鱼多鱼肥"的良好生存环境。

2000年以前,博鳌还是一个以旅游商务服务业为主、兼有渔业养殖业的典型海南小镇。2002年第一届"博鳌亚洲论坛"举办以后,博鳌成为论坛唯一的固定举办会址。

催生博鳌亚洲论坛的直接因素是亚洲金融危机。金融危机引发了大家对"亚洲价值"和"亚洲模式"的思考和对21世纪亚洲发展前景的关注。彼时,财富大幅缩水、经济迅速恶化的状况使得亚洲各国有识之士深感忧虑,他们积极寻找出路。

人们认识到亚洲应当学习欧美国家创办达沃斯世界经济论坛的经验,搭建一个对话平台,广泛联系和组织亚洲各国的政界、商界、学界精英,适时对话,交流信息,集思广益,共商亚洲经济和社会发展大计。

1998年,菲律宾前总统拉莫斯、澳大利亚前总理霍克、日本前首相细川护熙和中国的海南博鳌投资控股有限公司董事长蒋晓松在马尼拉举行会晤,酝酿和倡议成立"亚洲论坛",并发表了《马尼拉宣言》。

《马尼拉宣言》发表后,会晤人员委托霍克给中国国家主席和海南省省长写信,正式建议成立一个类似于达沃斯论坛的"亚洲论坛",并提出把论坛的会址设在海南省琼海市的博鳌镇。

经过有关方面历时一年两个月的磋商准备,1999年10月,拉莫斯和霍克来到北京,正式向中国领导人提出成立"亚洲论坛"的设想,希望得到中国政府的支持,并请中国政府选派一位副总理参加论坛。

胡锦涛在北京会见了拉莫斯和霍克,代表中国政府申明中国一贯支持区域经济合作,并主张开展多层次、多领域的对话,表示大力支持成立博鳌亚洲论坛。

胡锦涛还建议,这件事涉及亚洲事务,应当征求亚洲各个国家的意见。中方受委托向亚洲其他25个国家发出征求意见函,并派专人到部分国家听取意见。各国反响热烈,一致赞成成立亚洲论坛。2001年2月26日,由亚洲26个国家发起的博鳌亚洲论坛正式成立。第一次大会取得圆满成功,通过了《博鳌亚洲论坛宣言》《博鳌亚洲论坛章程指导原则》等纲领性文件,受到了国际社会的广泛关注。

至此,平等、互惠、共赢、共存之新亚洲曙光上在太平洋西岸美丽的博鳌小岛上显露。

论坛成立后面临的最大挑战是论坛首届年会将在2002年4月召开,但是论坛各项准备工作尚未正式启动,对于临时受命任论坛秘书处秘书长的时任对外经济贸易部副部长的张祥来说,一切都得从零开始。接手论坛秘书处的工作时,张祥是光杆司令一个,没有人帮忙。于是,他从中国国际贸易促进委员会北京市分会、上海市经济和信息化委员会抽调了一部分人。由于机构刚刚成立,论坛的很多工作人员没有工资,只有很少的补贴,张祥在论坛秘书处工作期间也从未拿过工资。

在论坛筹备过程中,遇到了一个大问题,即可能会没有人参加。开门炮如果没有打响,那就闹大笑话了。最开始的时候,连记者都少有报名的。

论坛秘书处觉得需要对博鳌论坛重新定位。开始的时候,论坛的名称是"Asian Forum",翻译为中文是"亚洲论坛",但是这样的话是不是意味着非亚洲国家的就不能来?于是,论坛的名称被改为"Boao Forum for Asia",不仅突出了博鳌,更关键的是"for Asia",意味着"一切为了亚洲,关系亚洲的事都可以谈,每个人都可以参与"。这样一下子就扩大了论坛的邀请范围,有助于扩大论坛的影响力。

论坛需要重要人物压场。虽然博鳌论坛设立的初衷

是亚洲各国副总理的峰会,但是论坛秘书处成员在商议后决定再出奇招:邀请时任国务院总理的朱镕基出席论坛。结果,朱镕基总理的演讲和他的答问成为年会的精彩部分,得到了广泛好评。

与张祥担心的"人少"相反,到会人数远远超过了预期,共有1800多人。时任日本首相的小泉纯一郎经秘书处做工作也来参加了,而且一下子带来了200多人。泰国的他信、韩国的李汉东等也都来了。

2002年4月12日至13日,首届"亚洲博鳌论坛"正式拉开了大幕,也开启了博鳌小镇发展新的篇章。

"十年磨一剑",博鳌当地老人都说这10年变化太大了。以往博鳌小镇的居民大多过着传统的半渔半农生活,博鳌亚洲论坛使许多博鳌人的身份发生了变化。他们或成为游船驾驶员,或成为高尔夫球童,或成为酒店服务员等,博鳌人的生产、生活方式发生了深刻变化。

博鳌在不断向前发展。未来的博鳌将会是"世界的博鳌"。

世界经济论坛 世界经济论坛是研讨世界经济领域存在的问题、促进国际经济合作与交流的非官方社会机构,它是一个以基金会形式成立的非营利组织,总部设在瑞士日内瓦。其前身是1971年创建的"欧洲管理论坛"。1987年,"欧洲管理论坛"正式更名为"世界经济论坛"。随着全球经济一体化的推进,世界经济论坛的规模越来越大,该论坛也成为全球工商界、政治界、学术界人士研讨世界经济问题的最重要的非官方组织。

❋ ❋ ❋

谈判是一门妥协的艺术,是形成共识的过程,既要坚持自己的利益,也要顾及对方的利益。不能简单地把向对方立场的靠拢看作是让步,今天的让步可能就是明天的进步。

——龙永图

土楼守住客家魂

曾经有一个趣事,甚至可以说是笑话。话说美国用遥感图像技术侦察到在中国东南部(即粤、闽、赣交界处)有一个"核反应堆"。于是,美国派出侦察人员到当地一探究竟,却发现原来是当地的传统民间建筑——土楼。

这个土楼村落由1座方形、3座圆形和1座椭圆形共5座土楼组成。5座土楼依山势错落布局,在群山环抱之中居高俯瞰,像一朵盛开的梅花点缀在大地上,又像是飞碟从天而降,构成人文建筑与自然环境巧妙天成的绝景,令人叹为观止。它是民居建筑百花园中的一朵奇葩,座落在福建省漳州市南靖县书洋镇的田螺坑村。

说到田螺坑地名的由来,有村民说,因为地形像田螺

而得名；也有人说是因为田螺姑娘而得名。传说中的田螺姑娘就是黄家祖宗，那个叫黄百三郎的幸运儿，因为得到田螺姑娘的神助，才从一个养鸭少年成为一方富绅。

田螺姑娘未必真实存在，黄百三郎可是确有其人。田螺坑黄氏族谱证明，清朝嘉庆午间黄百三郎从永定移居此地，并在这里开始了他的传奇人生。土楼群中的黄氏祠堂中央有祖先牌位，黄百三郎位居第一。他的墓穴就在距田螺坑两公里外的"五更寮"，每年清明都有田螺坑人前去祭拜。

黄百三郎充分利用山涧泥地，以及谷深林密的地域优势，不断扩大再生产，为自己赚取了"第一桶金"。像大多数中国人一样，黄百三郎有钱之后就盖房子。最先盖起来的是方楼，雅名"步云楼"。步云楼是顺着高低地势建成的，中厅呈阶梯状，人们进入大门后就能体会到"步步高升"的感觉。这样既突出了祖厅的重要地位，又寄托了主人"平步青云"的美好愿望。

在步云楼建成之后，黄百三郎的后代又围绕着它先后建起了"和昌""振昌""文昌"和"瑞云"4座楼。现代建筑专家考察后，都叹服于古人的建筑智慧。这4座楼的建造者用顺地势减少一层屋柱的方法，成功地将第二层建成平

面,更适宜居住。

其实不仅是在田螺坑村,闽西南一带向来有建土楼的传统。比起建造砖石和木质结构的房屋,造土楼的工序要烦琐许多。建造时,要在大量生土中掺进石灰、细沙、糯米饭、红糖、竹片、木条等,并反复糅合、舂压、夯筑,整个过程看起来不大像在盖房,倒像是在过节。在聚族而居的土楼里,一层为厨房,二层为仓库,三至五层为起居室,院落里有水井,有宽阔的活动空间,其温馨和谐的场景想想都让人觉得舒坦。客家人喜欢土楼,还因为它有防盗、防震、防兽、防火、防潮等性能。

以田螺坑土楼为代表的土楼蕴藏着客家文化的精髓,堪称人与自然和谐相处的杰作。土楼建筑选址非常讲究,主要选择靠山、近水和向阳的地方,有些还特地建在开阔的田野上。土楼建筑讲求与天然地形的协调统一,符合"天人合一"的哲学思想。如遇上不尽如人意的地形,人们会通过增加半月形花台或池塘或建筑半门调整坐向,以求阴阳平衡。

土楼的环屋只是形式,聚族才是实质。聚族是客家土楼长期存在的基础,它体现出传统的宗族观念。客家民居建筑规模宏大,一方面,它表明客家人喜欢聚族而居。因

为他们不论是在长途跋涉的游离中,还是新到人生地不熟的居地,都会遇到仅凭一家一户之力难以克服的困难,需要靠本姓本族人聚居在一起,共同克服。另一方面,屋内住户按辈分高低及尊卑来分配房间,他们在房屋的中心位置摆放祖宗牌位,供后人拜祭,反映了客家人传统的家族伦理思想。

　　走进客家土楼,能够深切地感受到处处都有儒家思想文化的气息。闽西土楼中轴线上的上堂,必然是祖公堂,建有陈设祖公牌位的神龛,还摆有"天地君亲师"的牌位。这种祖公至高无上的"敬祖睦宗"观念,正是儒家的"孝悌""尊卑""仁爱"思想的反映。祖公堂在整个土楼中具有至高无上的地位,实际上是大家族的议事厅和本姓宗族子弟**接受儒家思想文化教育的场所**。"耕读为本""学而优则仕"是客家人思想和行为的准则。许多客家土楼的大门口或祠堂前都树有石笔或旗杆夹,上面刻有"大清某年某科进士"等字样。在祖公堂上,有可能也会挂有"进士""魁元"等牌匾。客家流行"蟾蜍罗,咯咯咯,唔(不)读书,么(无)老婆"的童谣,有着教育小孩从小努力读书的传统。

　　客家土楼中的堂联也凝聚着客家文化的精髓,是客家子孙随时都能看得见、摸得着的宣传标语。这些堂联内容

广泛,特别强调勤俭、孝悌和读书为本。如福建省龙岩市永定县高头乡承启楼里的"一本所生,亲疏无多,何须待分你我;共楼居住,出入相见,最宜注重人伦";福建省南靖县梅林镇怀远楼里的"天下良事读与耕,世间善事忠与孝",等等。土楼从外到内,从形式到内容,都是传统华夏文明的结晶。更为可贵的是,中原地区因历史和社会原因早已失传或淡化了的文化内涵,都可以在现存的客家土楼中找到。换句话说,华夏传统文化的精华还活生生地保留在客家土楼中。

土楼是田螺坑村的精髓,客家文化又是土楼的灵魂。失去了客家文化,土楼也就失去了灵魂。而今,越来越多的游客走进田螺坑,走进土楼。只有注重对土楼原真性、完整性的保护,始终关注传统民居体现出的那种人与自然的和谐统一以及客家文化的底蕴,才能守住乡土的灵魂,守住我们的精神家园。

> **知识链接**
>
> **客家** "客家"是汉族的支系。客家人的祖先是古代中原一带的汉族居民。秦汉以后，中原汉人为躲避自然灾害或战乱等迁往今广东省东部和北部，并且在那里定居。此外，海南、福建、广西、湖南、四川等省区也有部分类似的居民。客家人定居南方后，将中原先进的生产技术和文化思想带过去，同当地居民一起劳动、共同生活。客家人讲客家话，在聚居区保持自己的生活习俗传统。

✳ ✳ ✳

有子不读书，不如养大猪。

——客家民谚

朱子故里的文化传承

很多小说里都提到过一个地方,并把它视为梦开始的地方,梦里是青春,是回忆,是甜蜜,是美好的初恋,是田间那一望无际的油菜花……

这个地方就是婺源,一个让人魂牵梦萦的地方。

婺源东西分别与两座国家历史文化名城——衢州、景德镇毗邻,南隔铜都上饶德兴市与世界自然遗产"江南第一仙山"——三清山相望,北枕国家级旅游胜地黄山和国家历史名城古徽州首府歙县,自然生态优美,物产丰富。荷包红鱼、绿茶、龙尾砚、江湾雪梨是婺源红、绿、黑、白"四色"特产,久负盛名。婺源还有世界濒临绝迹的鸟种——黄喉噪鹛;有世界上最大的野生鸳鸯越冬栖息地——鸳鸯湖,每年冬天都会有 2000 多对鸳鸯来这里过冬;有华夏第

一高瀑——大鄣山瀑布。此外,地处赣、浙、皖三省交界处的婺源还是中国绿茶之乡,是出产名茶的灵秀之地。早在宋代,婺源的谢源茶就已被誉为全国六大名茶绝品之一。

婺源自古文风鼎盛,人杰地灵,是著名的徽派思想的发祥地,诸多文人墨客生长于此,其中最有名的便是朱熹。

南宋绍兴十八年(1148年)春,时年19岁的朱熹考中进士。绍兴二十年(1150年)阳春三月,朱熹回乡扫墓并拜会宗族长辈。

当时婺源县城五通庙香火旺盛,相传甚为灵验。邑人出门,必带上香纸入庙祈求平安;士人到婺,也必以香纸入庙,叩拜以求吉祥。

亲戚邻居都劝朱熹去拜谒五通庙,说五通庙香火旺,拜拜对他有好处。但是朱熹就是不去。

族人宴请他,觥筹交错,一阵豪饮。没想到饮酒时,有灰尘落入朱熹酒杯中,导致朱熹晚上回去后开始拉肚子。第二天,朱熹外出时遇到毒蛇,险些被咬。大家都认为这都是因为他没有拜谒五通庙所致。

于是,大家纷纷劝朱熹去拜谒五通庙。朱熹说:"肚腹不好是食物不洁引起的,与庙无关,别冤枉了五通。"

朱熹坚持不谒五通庙的举动,成为趣话,一直流传至今。

还有一次,朱熹与门人郊游归来,行至东门桥头时浑身冒汗,口干舌燥。见有一凼水池,泉水晶莹见底,着实诱人,一行人便屈膝弯腰掬捧畅饮。

看着这从石罅间淙淙涌出的甘醇的泉水,朱熹感慨颇深:"以后为官,一定要像这泓泉水一样清澈,'颠簸不失志,贫贱亦清廉'。"思索之余激情难平,回到住处便挥笔为那泓清泉题名"廉泉"。门人弟子则将此墨宝立石刻碑于泉旁。

在婺源,流传着很多与朱熹有关的故事,朱熹热爱自己的家乡,婺源人也以他为荣。

从婺源走出的农民作家汪稳生在初中毕业后,就开始写散文和小说。他写的散文和小说经常在国家级和省级报刊上发表。

他的愿望是让更多的人了解婺源。汪稳生说:"婺源的文化底蕴深厚,历史上名人辈出,几乎每个村庄都有一个传奇。长期以来,这些故事和传说只是人们口口相传。由于时代的变化,现在青年人围在一起听老年人讲故事的已经很少见了。"

"现在,很多民间故事和名人逸事只留存在各个村庄的老人的记忆中。如不及时进行收集和整理,随着这些老人的逝去,这些故事将永远消失。我认为应该有人去做这

件事。"汪稳生说。

从2003年开始,汪稳生背着照相机、骑着自行车到婺源各地寻访当地长者,记录他们讲的故事,获取了原汁原味的素材。

几年下来,汪稳生走遍了婺源县16个乡镇,收集了大量的民间故事。

2006年年底,汪稳生的《婺源故事》一书正式出版,深受游客喜爱,为当地导游提供了大量讲解素材。

婺源的文化底蕴极为深厚,每个村庄都有自己的传奇故事。需要更多如汪稳生一样的婺源人,把更多的与婺源有关的故事告诉大家。

都说婺源之美在形态,实则更美于内涵。婺源共有12个国家级民俗文化村、2个全国历史文化村,这些乡村的历史文化内涵都十分深厚。婺源的美不仅体现在山水以及人们千百年来以智慧与灵性造就的文化遗存上,还蕴藏在那些神奇的土地上演绎的鲜活故事中。

任何一种成功的经营实际上都是在经营一种文化,只有不断增加经济中文化的含量,发展才具有可持续性。文化是一笔无形资产,也是一切规划和开发的起点归宿。"中国最美的乡村"只有留住了文化的根,才会"最美"!

知识链接

三清山 三清山位于中国江西省玉山县与德兴市交界处。三清山是道教名山。因玉京、玉华、玉虚三峰状如道教始祖玉清、上清、太清踞坐群峰之巅,故名"三清山"。三清山是我国重点风景名胜区。

❋ ❋ ❋

涵养、致和、力行三者,便是以涵养为首,致和次之,力行又次之。

——(南宋)朱熹

后 记

这套"梦想的力量：中国梦青少年读本"丛书得以出版，首先要感谢北京师范大学出版集团和安徽大学出版社的大力支持与帮助。感谢安徽大学出版社康建中社长不辞辛苦地从安徽赶来北京师范大学参加我们的审稿研讨会，并提出了重要的具有建设性的意见。感谢安徽大学出版社赵月华总编辑，这套丛书从最初的构思、策划，到最终的出版、发行，都凝聚着她的智慧和心血。社长和总编把这套丛书的读者定位在青少年身上，体现了他们对"中国梦"本质内涵的深刻理解，凸显了他们为实现"中国梦"所担负的社会责任感。同时，还应该感谢安徽大学出版社王先斌等编辑，他们在每一本书的编辑过程中都提出了许多宝贵而中肯的意见。

  当然，本丛书各卷撰写者都是在繁忙之中，集中时间和精力，全力以赴地完成书稿的，付出了许多的辛劳和汗水。另外，还要感谢丁子涵、郝思聪、任敏、张悦等几位研究生，他们在查找资料、校对书稿等方面做了大量工作。

  从开始策划到完稿，时间太仓促了，因此难免会有一些纰漏和不足，还请各位读者给予指正！

刘　勇　李春雨
2014 年 5 月